Up, Up, and Away

Theoretisch war es einer der glücklichsten Tage meines Lebens: Donnerstag, der 17. Juni 1971. Die BOAC hob pünktlich um zehn Uhr vormittags vom J.-F.-Kennedy-Flughafen ab, der Himmel war blau und sonnig, und nachdem ich mein Leben lang auf diesen Moment gewartet hatte, war ich endlich unterwegs nach London.

Andererseits aber war ich gerade nach einer überraschend nötig gewordenen Operation aus dem Krankenhaus gekommen und hatte furchtbare Angst, allein ins Ausland zu reisen (ich hatte ja sogar Angst, allein nach Queens oder Brooklyn zu fahren, ich verirre mich nämlich leicht), und ich hatte keine Ahnung, was ich tun würde, wenn etwas schief ging und niemand mich am Flughafen abholte. Vor allem wusste ich nicht, was ich mit dem überdimensionalen Koffer machen würde, den ich mir geborgt hatte und den ich nicht vom Fleck bekam, geschweige denn tragen konnte.

Jahr um Jahr hatte ich eine Pilgerfahrt nach London geplant, und jedes Jahr musste ich sie im letzten Moment wegen irgendeiner Krise absagen, gewöhnlich wegen einer finanziellen Krise. Diesmal war es anders. Der Himmel schien von Anfang an gnädig auf meine Reise zu blicken.

Ich hatte ein Buch mit dem Titel *84, Charing Cross Road* geschrieben, und wenige Monate nachdem es in New York veröffentlicht worden war, kaufte der Londoner Verleger André Deutsch das Buch, um es in England herauszubringen. Er schrieb mir, das Buch werde im Juni erscheinen und er sähe mich gern in London, damit ich ihn bei der Werbung unterstützen könnte. Er schuldete mir einen kleinen »Vorschuss«, und so schrieb ich zurück und bat ihn, das Geld für mich in seinem Verlag zu verwahren. Wenn ich sehr bescheiden lebte, rechnete ich mir aus, würde es für einen dreiwöchigen Aufenthalt in London reichen.

Im März hatte *Reader's Digest* einen Artikel von mir gekauft, in dem ich über meine Fan-Post geschrieben hatte, und mit dem Scheck, den sie mir schickten, konnte ich das BOAC-Flugticket, ein paar teure Kleider und – wie es sich dann ergab – einen teuren Chirurgen bezahlen.

Nach der Operation kamen aus allen Himmelsrichtungen freundliche Gaben. Der Democratic Club, in dem ich Mitglied bin, schickte keine Blumen ins Krankenhaus, sondern einen Einkaufsgutschein für Harrods. Ein Freund, der gerade aus London zurückgekommen war, schob einen Packen englischer Pfundnoten unter meiner Tür durch, mit einem Zettel, auf dem stand: »Für Theaterkarten«. Und einer meiner Brüder kam vorbei und schenkte mir hundert Dollar »Für eine Reise nach Paris«. Ich hatte nicht die geringste Absicht, nach Paris zu fahren – ich hatte nie eine andere Stadt außer London sehen wollen –, aber für die hundert Dollar konnte ich mir eine zusätzliche Woche in London leisten sowie ein paar Extraausgaben für Taxis und Friseurbesuche. Finanziell war ich also bestens ausgestattet.

Am Abend vor meiner Abreise gaben zwei Freunde eine Abschiedsparty für mich. Ich hatte den ganzen Tag über gepackt, was meine inneren Organe in wütenden Aufruhr versetzt hatte, so ging ich zeitig von der Party nach Hause, lag um Mitternacht im Bett und schlief ein. Um drei Uhr morgens saß ich senkrecht im Bett, in meinem Inneren tobte es, und eine Stimme in meinem Kopf verlangte zu wissen:

»Was denkst du dir eigentlich dabei zu verreisen, dreitausend Meilen weit weg, mutterseelenallein, und du bist nicht einmal GESUND!«

Ich stand auf, genehmigte mir einen hysterischen Anfall, einen Martini und zwei Zigaretten, legte mich wieder hin und verbrachte die restlichen Nachtstunden damit, Telegramme zu entwerfen, in denen ich meinen Besuch absagte.

Paul, der Doorman, fuhr mich zum Flughafen. Ich stellte mich bei der Passkontrolle an und hielt meinen Mantel, meinen Schal, ein paar Zeitschriften und einen zusätzlichen Pullover in der einen Hand, während ich mit der anderen die Hose meines neuen, marineblauen Hosenanzugs festhielt, die seit der Operation nicht mehr auf meinen Hüften sitzen bleiben wollte.

In der Schlange zu stehen war kaum angenehmer, als an den Daumen aufgehängt zu werden, und als ich endlich an Bord gehen durfte, ließ ich mich auf meinen Sitz am Fenster sinken, glücklich bei dem Gedanken, dass ich in den nächsten fünf Stunden keinen Finger krümmen müsste. Jemand brachte mir einen Imbiss – Sandwiches und Kaffee –, den ich nicht selbst hatte zubereiten müssen; jemand brachte mir einen Martini, und danach würde jemand anders alles wegräumen. Langsam fing ich an, mich zu entspannen.

Als ich mich endgültig entspannt hatte, verlangte die Stimme in meinem Kopf zu wissen, was ich tun würde, wenn mich niemand abholte. Um keine Panik aufkommen zu lassen, nahm ich die Briefe aus meiner Schultertasche und las sie noch einmal. Diese Briefe waren meine Rettungsleine.

Der erste war von Carmen, die bei André Deutsch die Werbung macht.

Liebe Helene,
ich habe Ihre Reservierung im Kenilworth Hotel für den
17. Juni bestätigt. Das Hotel liegt ganz in der Nähe des
Verlags, Sie werden sich also nicht zu einsam fühlen.
Das Erscheinungsdatum Ihres Buches ist der
10. Juni, schade, dass Sie es verpassen, aber gut, dass
Sie auf dem Weg der Besserung sind.
Wir freuen uns alle darauf, Sie am 18. zu sehen.

Infolge einer Verwechslung hatte ich zwei Hotelzimmer, eins im Kenilworth und eins im Cumberland. Auf den Rat weit gereister Freunde hin hielt ich an beiden

Zimmern fest, falls eines bei meiner Ankunft doch nicht zur Verfügung stand. Aber ich würde zuerst zum Kenilworth fahren; es war billiger.

Der zweite Brief war eine eilige, in letzter Minute gekritzelte Notiz von Nora Doel. *84, Charing Cross Road* ist die Geschichte meiner zwanzig Jahre währenden Korrespondenz mit Marks & Co., einer Londoner Buchhandlung, hauptsächlich mit dem Chefeinkäufer Frank Doel, dessen plötzlicher Tod der Anlass zu dem Buch gewesen war. Nora ist die Witwe, Sheila die Tochter.

Helene –
Sheila und ich kommen am Donnerstagabend um zehn zum Flughafen nach Heathrow. Wir sind beide ganz aufgeregt.
Gute Reise
Nora

Der dritte Brief war von einem Engländer, der mir nach der Lektüre von *84, Charing Cross Road* einen Fan-Brief geschrieben hatte, in dem er fragte, wann ich denn endlich nach England käme. Ich hatte es ihm mitgeteilt, und er schrieb zurück:

Ich bin Verleger im Ruhestand und arbeite jetzt am Flughafen Heathrow. Falls ich behilflich sein kann, bitte BEDIENEN SIE SICH MEINER! *Ich kann Sie vom Flugzeug abholen und Ihnen beim Zoll und bei der*

Einreise helfen. Wenn Sie von Freunden abgeholt werden, können die Sie erst NACH *der Zollkontrolle in Empfang nehmen. Ich würde Sie am Flugzeug abholen, bevor Ihre zierlichen Füße britischen Boden betreten.*

Ich hatte nicht die entfernteste Ahnung, wie er das schaffen wollte, aber ich rechnete schwer damit, dass er meinen zierlichen Füßen aus dem Flugzeug half. Was wusste ich schon von Zoll und Einreise?

Außerdem hatte ich einen Fan-Brief mit einer Einladung nach Oxford von der Frau eines amerikanischen Professors, der für ein Jahr eine Gastprofessur in Oxford hatte. Weiterhin hatte ich einen Fan-Brief von einem Amerikaner, der in London lebte und mit mir einen Stadtspaziergang machen wollte. Und dann hatte ich einen Brief von Jean Ely, einer New Yorker Schauspielerin im Ruhestand, die ich durch die Veröffentlichung meines Buches kennen gelernt hatte:

Liebe Helene!
Ich habe einem Freund in London von Ihnen erzählt. Er ist ein ehemaliger Eton-Schüler, der London besser kennt als jeder andere meiner Bekannten. Ich habe mich bisher nie mit einer Bitte an ihn gewandt, aber ich habe ihm geschrieben, dass Sie zu Besuch sind und er unbedingt eine Besichtigungstour durch London mit Ihnen machen soll. Er heißt Pat Buckley. Er wird sich im Kenilworth bei Ihnen melden.
Ich sehe davon ab, Ihnen einen schönen Aufenthalt zu

wünschen, es ist unmöglich, dass er nicht schön wird.
Jean

P.S. Führen Sie ein Tagebuch. Sie werden so viel erleben
und sich ohne Tagebuch gar nicht an alles erinnern
können.

Ich las alle diese Briefe mehrere Male. Ich überzeugte
mich mehrmals, dass ich meinen Pass und meinen Impf-
pass dabei hatte; ich studierte eine Karte mit den englischen Münzen, die mir jemand gegeben hatte, und ich
las eine BOAC-Broschüre, die ich vorher aus Zeitmangel
nicht gelesen hatte und in der stand: *Was Sie auf Ihre*
Reise mitnehmen sollten! Es wurden dreiundzwanzig
Sachen aufgezählt, vierzehn davon hatte ich nicht:
3 Kleider für die Handwäsche
2 Westen
2 Paar Handschuhe
1 kleinen Hut (oder mehrere)
Twinset
Wollschal
Abendkleid
Abendhandtasche
Abendschuhe
Hüftgürtel

Ich hatte drei Hosenanzüge, zwei Röcke, mehrere Pullover und Blusen, einen weißen Blazer und ein Kleid
eingepackt. Das Kleid war aus Seide, sehr schick und

teuer, passend dazu gab es einen Mantel, und beides war für Abendveranstaltungen gedacht.

Ich holte meinen Touristen-Stadtplan von London heraus und beugte mich darüber. Für mich bestehen Stadtpläne nur aus oben und unten, rechts und links, aber ich hatte wichtige Orte angekreuzt – St. Paul's, Westminster Abbey, den Tower – und auf dem ganzen Plan Spaziergänge eingezeichnet. Die wichtigsten Sehenswürdigkeiten müssten bis zum Ende meines Aufenthalts warten, bis dahin würde ich hoffentlich lange genug still stehen können, aber vorerst würde ich die Stadt kreuz und quer durchwandern. (Ich hatte festgestellt, dass es mir besser ging, wenn ich in Bewegung war.)

Ich war ganz ruhig und glücklich, bis eine Stimme über die Lautsprecheranlage verkündete, dass es 21.50 Uhr britischer Zeit sei, dass wir in fünf Minuten in Heathrow landen würden und es in London regne.

»Keine Panik«, sagte ich mir. »Überleg dir *jetzt*, was du machst, wenn Nora und Sheila nicht da sind und dieser Verrückte am Flughafen vergessen hat, dass du heute ankommst.«

Ich beschloss, Noras und Sheilas Nummer im Telefonbuch nachzusehen und sie anzurufen. Wenn keiner zu Hause wäre, würde ich Carmen vom André Deutsch Verlag anrufen. Wenn sie nicht da wäre, würde ich zu einem Flughafenangestellten gehen und sagen:

»Entschuldigen Sie bitte, Sir. Ich bin soeben aus New York gekommen, ich habe einen Koffer, den ich nicht vom Fleck bewegen kann, ich weiß nicht, wo das Kenilworth Hotel ist, und es geht mir NICHT GUT.«

Das Flugzeug landete, und die Passagiere standen auf und suchten ihr Handgepäck zusammen. Ich hatte kein Handgepäck. Ich saß wie erstarrt da und sagte mir, wenn mich keiner abholte, würde ich am Flughafen sitzen bleiben, bis das nächste Flugzeug nach New York ging, und wieder nach Hause fliegen. In dem Moment erklang erneut die Stimme über die Lautsprecheranlage:

»Miss Hanff, würden Sie sich bitte bei einem Mitglied des Bordpersonals melden.«

Ich sprang auf und streckte meine freie Hand in die Luft (die andere Hand hielt ständig meinen Hosenbund fest), musste aber feststellen, dass kein Mitglied des Bordpersonals in der Nähe war. Die anderen Passagiere, die im Gang standen und darauf warteten, das Flugzeug zu verlassen, sahen mich neugierig an, als ich, mit rotem Gesicht, aber vollkommen erleichtert, alle meine Sachen mit meiner freien Hand zusammenpackte und mich am Ende der Schlange anstellte. Jetzt, da ich wusste, dass ich abgeholt wurde, war ich halb trunken vor Aufregung. Im Grunde hatte ich nicht damit gerechnet, dass ich es bis London schaffen würde – und ich hatte es geschafft.

Ich kam bei der Stewardess an, die die Passagiere verabschiedete, und erklärte ihr, dass ich Miss Hanff sei. Sie zeigte die Treppe runter und sagte:

»Der Herr dort erwartet Sie.«

Und da war er, ein großer, mächtiger Colonel Blimp, mit einem breiten Lächeln und ausgestreckten Armen wartete er darauf, meine zierlichen Füße auf britischen Boden zu bringen. Als ich die Gangway hinunter auf ihn zuging, dachte ich:

»Jean hatte Recht. Du musst Tagebuch führen.«

Donnerstag, 17. Juni, Mitternacht

Im Kopfteil des Bettes ist ein Radio eingebaut, und die BBC hat mir gerade eine gute Nacht gewünscht. Das gesamte Radiosystem geht hier um Mitternacht schlafen.

Die Ankunft war ein Triumph.

»Helene, meine Liebe!«, dröhnte die Stimme des Colonels, und er beugte sich herunter, um mich zu küssen, und niemand hätte geglaubt, dass er mich noch nie zuvor gesehen hat. Er ist ein strahlender Riese von einem Mann mit buschigen grauen Augenbrauen und buschigen weißen Koteletten und einem enormen Bauch, der vor ihm hermarschiert. In kerzengerader Haltung schritt er voran, um sich um meinen Koffer zu kümmern, wie ein Sahib aus Kiplings *Old Injah*. Er kam mit einem Gepäckträger zurück, der den Koffer auf einem Wagen schob, legte den Arm um mich, ging mit mir an den Tischen für die Einreise und den Zoll vorbei und rief den Männern an den Tischen freundlich zu: »Eine Freundin von mir!« Das war schon alles, was ich von den Einreiseformalitäten mitbekam.

»Und nun?«, sagte er. »Werden Sie abgeholt?«

Ich sagte, dass Nora und Sheila Doel mich abholen wollten.

»Wie sehen sie aus?«, fragte er und ließ seinen Blick über die Menge schweifen, die hinter dem Seil wartete, mit dem der Ankunftsbereich abgeteilt war.

»Ich habe keine Ahnung«, sagte ich.

»Haben die beiden ein Foto von Ihnen?«, fragte er.

»Nein.«

»Wissen sie, was Sie anhaben?«, fragte er.

»Nein.« sagte ich.

»Aber mein liebes Kind!«, dröhnte seine Stimme. »Was haben Sie sich denn gedacht, wie Sie sich finden?! Warten Sie hier.«

Er setzte mich bei einem Informationsschalter ab und schritt davon. Kurz darauf kam eine Ansage über das Lautsprechersystem, Mrs. Doel möge bitte zum Informationsschalter kommen – und eine hübsche, schwarzhaarige Frau duckte sich unter dem Seil unmittelbar vor mir hindurch, drückte mir einen Bund Rosen in die Arme und küsste mich.

»Sheila hat gleich gesagt, dass Sie es sind!«, sagte Nora mit einem deutlich irischen Akzent. »Wir haben uns alle Frauen, die aus dem Flugzeug gekommen sind, angeguckt. Und ich habe gesagt: ›Die ist zu blond‹ und ›Die ist zu gewöhnlich‹. Und Sheila hat die ganze Zeit gesagt: ›Die Kleine in dem blauen Hosenanzug ist es, sie sieht so aufgeregt aus.‹«

Der Colonel kam zurück und wurde vorgestellt, und dann gingen wir zu Noras Auto. Sie und Sheila setzten sich nach vorn, ich kletterte auf den Rücksitz, und der Colonel verkündete, er würde in seinem Wagen folgen, es sei denn, Sheila wolle, dass er vorausfahre. Kannte sie den Weg zum Cumberland?

»Zum Kenilworth«, stellte ich richtig. Ich klärte ihn über die zwei Hotelzimmer auf, und der Colonel sah mich entsetzt an.

»Wenn das so ist«, dröhnte er, »dann bekommt jetzt eine wildfremde Person ein Zimmer voll schöner Rosen!«

Er machte sich auf den Weg zum Cumberland, um seine Rosen zurückzufordern, und ich wurde mit Noras Rosen im Arm zum Kenilworth gefahren und dachte: »It was roses, roses, all the way«, aber mir fiel nicht ein, wer das geschrieben hatte.

Es war dunkel und regnerisch, und wir fuhren auf einer Schnellstraße, die jede andere Schnellstraße hätte sein können, die in irgendeine große Stadt führt, anstelle der Straße, die in die Stadt führte, die ich mein Leben lang hatte sehen wollen. Nora machte mir Vorhaltungen, dass ich nicht bei ihnen im Norden Londons wohnen wollte (»Frank hat immer gewollt, dass Sie bei uns wohnen«), und als wir in die Stadt kamen, zeigten beide mir einige Sehenswürdigkeiten.

»Da ist Piccadilly!«

»Das hier ist das West End.«

»Hier ist die Regent Street.« Und dann sagte Sheila: »Jetzt sind Sie auf der Charing Cross Road, Helene!«

Ich blickte hinaus in die Dunkelheit und wollte etwas Passendes sagen, aber außer engen, nassen Straßen und ein paar erleuchteten Bekleidungsgeschäften konnte ich nichts sehen, und ich hätte ebenso gut im Stadtzentrum von Cleveland sein können.

»Ich bin angekommen«, sagte ich. »Ich bin in London. Ich habe es geschafft.« Aber es hatte etwas Unwirkliches.

Wir fuhren nach Bloomsbury hinein und fanden an der Ecke einer dunklen Straße das Kenilworth, ein altes Backsteingebäude mit einer verblichen-vornehmen Empfangshalle – gerade richtig für mich.

Ich meldete mich an, und der junge Mann an der Rezeption gab mir ein paar Briefe. Dann fuhren Nora, Sheila und ich nach oben, um das Zimmer Nummer 352 in Augenschein zu nehmen. Es war hübsch und gemütlich, und die zugezogenen Vorhänge sperrten den Regen aus. Nora sah skeptisch von der Tür hinein und verkündete:

»Es ist wunderbar, Helen.«

»Ich heiße Helene«, sagte ich.

Sie sah mich überrascht, aber unbeeindruckt an.

»Ich nenne Sie seit zwanzig Jahren ›Helen‹«, sagte sie und warf einen Blick ins Badezimmer. Es hatte eine Dusche, aber keine Badewanne. »Guck mal, Sheila, sie hat ihr eigenes Klo!«

Sheila glaubt, dass das englische Wort »loo«, das Toilette bedeutet, mit Waterloo zu tun hat.

Als wir wieder nach unten kamen, trafen wir in der verschlafenen Halle den Colonel, der vor Wut schnaubte: Er hatte seine Rosen halb verwelkt auf dem Boden des Paketraums im Cumberland gefunden und sich mit dem Geschäftsführer angelegt.

Wir gingen in den Speiseraum, der zwar leer, aber noch geöffnet war, und der Colonel machte einen jungen spanischen Kellner ausfindig, der sagte, sein Name sei Alvaro und wir könnten Sandwiches und Tee oder Kaffee bestellen.

»Sie rauchen zu viel«, verkündete Nora, nachdem wir bestellt hatten.

»Ich weiß«, sagte ich.

»Und Sie sind zu dünn«, fuhr sie fort. »Ich weiß ja nicht, was das für ein Chirurg war, der Sie so kurz nach der Operation hat reisen lassen. Eine Totaloperation ist eine sehr ernste Sache.«

»Wirklich, Mum?«, sagte Sheila sanft mit ihrem von der Universität geprägten Akzent. Sie und Nora wechselten Blicke, und Nora kicherte.

Sie sind erstaunlich: Sie sprechen in einer Art Code und beenden die Sätze der jeweils anderen, und man würde nie darauf kommen, dass sie Stiefmutter und Stieftochter sind. Sheila ist eine attraktive junge Frau Mitte zwanzig, lakonisch, unaufgeregt. (»Genau wie Frank«, sagte Nora.)

Nora fand die Tatsache, dass sie selbst und der Colonel seit zwei Jahren verwitwet waren, bemerkenswert. Er hat ein Kind, eine Tochter, die am Samstag außerhalb Londons heiratet.

»Warum ziehen Sie drei sich nicht Ihre feinsten Kleider an und kommen zur Hochzeit?«, lud er uns alle ein. »Es wird eine großartige Feier.«

Ich lehnte ab, und Nora war offensichtlich der Meinung, dass sie nicht gehen könnte, wenn ich nicht ging, also lehnte sie ebenfalls – bedauernd – ab. (»Ich kenne ihn gar nicht«, sagte sie, als wir allein waren. Und ich sagte: »Kennt ihn überhaupt jemand?!«)

Nora erklärte, dass sie mir den morgigen Tag zum Ausruhen lassen und mich am Samstag anrufen würde, wegen des Interviews. (»Die BBC macht mit uns zusammen ein Interview! Helen, Sie haben uns alle berühmt gemacht!«)

Der Colonel sagte, er sei die nächste Woche nicht in der Stadt und würde sich melden, wenn er zurück sei, um mit mir »einen kleinen Ausflug in unsere herrliche englische Landschaft zu unternehmen«.

Ich ging in mein Zimmer, packte ein paar Sachen aus und nahm meine Post mit ins Bett.

Eine Postkarte von Eddie und Isabel, alten Freunden aus New York. Sie sind am Montag in der Stadt und wollen mich zu einer Besichtigungstour abholen.

Ein Brief von Carmen bei André Deutsch:

Willkommen!
Ich weiß, dass Sie sehr müde sein werden, aber leider haben wir mit einer Reporterin vom Evening Standard *ausgemacht, dass sie Sie morgen um zehn Uhr hier treffen kann. Es wird Sie jemand kurz vor zehn Uhr abholen.*
Am Samstag um 14.30 Uhr wird die BBC ein Interview mit Ihnen und Mrs. Doel für »The World This Weekend« machen.

Montag um 15.30 Uhr – Interview für »Woman's Hour«, auch bei der BBC.
Am Dienstag – Besuche bei verschiedenen Buchhandlungen, einschließlich Marks & Co. (die zwar geschlossen ist, aber noch steht, wir wollen dort Fotos von Ihnen machen), und um 14.30 Uhr eine Signier-Party in Poole's Bookshop nebenan, 86, Charing Cross Road.
Am Dienstagabend gibt André Deutsch ein Abendessen für Sie, wo Sie die Verlagsmitarbeiter sowie einen bekannten Journalisten kennen lernen werden.

Ich war mir unsicher, ob ich mir die ganzen Termine merken könnte, also stieg ich aus dem Bett und machte kurzerhand aus einem Notizheft einen Terminkalender. Außerdem war ich mir unsicher, wie ich Carmen eröffnen sollte, dass ich mich nicht fotografieren lasse. Ich bin neurotisch, ich mag mein Gesicht nicht.

Ich liege im Bett und höre dem Regen zu, und nichts erscheint mir wirklich. Ich bin in einem angenehmen Hotelzimmer, das überall auf der Welt sein könnte. Nach all den Jahren des Wartens habe ich kein Gespür dafür, dass ich in London bin. Nur ein Gefühl der Ernüchterung und aus meinem Unterleib die Regung, dass die ganze Reise unnötig war.

Freitag, 18. Juni

Um acht klingelte der Wecker, und ich stand auf und ging zum Fenster, um nachzusehen, ob es noch regnete. Ich zog den Vorhang zurück – und solange ich lebe, werde ich diesen Moment nicht vergessen. Auf der anderen Straßenseite stand eine ordentliche Reihe schmaler Backsteinhäuser mit weißen Stufen davor und sah zu mir hinauf. Es waren ganz gewöhnliche Häuser aus dem achtzehnten oder neunzehnten Jahrhundert, aber ein Blick auf sie genügte, und ich wusste, dass ich in London war. Ich war wie berauscht, wollte nichts wie raus auf die Straße. Ich schnappte mir meine Sachen und sprang ins Bad – wo ich mich mit der verrücktesten Dusche, die man je gesehen hat, in einen aussichtslosen Kampf verstrickte.

Die Dusche ist eine ein Meter zwanzig breite Kabine und hat nur einen nicht verstellbaren Duschkopf, dessen Strahl in die hintere Ecke gerichtet ist. Man dreht den Hahn auf, und das Wasser ist kalt. Man dreht weiter, und bis das Wasser heiß genug ist, ist der Hahn bis zum Anschlag aufgedreht. Dann klettert man in die Duschwanne, hockt sich in die hinterste Ecke und ertrinkt. Die Seife glitt mir aus der Hand, und die fünfzehn Dollar teuren Bemühungen meines Friseurs waren hinüber, weil meine Duschkappe mir von der Kaskade vom Kopf gerissen wurde. Ich drehte den Hahn zu und stieg dankbar aus dem Becken – in eine kniehohe Überschwemmung. Ich brauchte eine Viertelstunde, um den Boden trockenzuwischen, wozu ich die Badematte und zwei Badehandtücher benutzte, Wischen – Auswringen, Wischen – Auswringen, Wischen – Auswringen. Zum Glück hatte ich die Badezimmertür zugemacht, sonst wäre mein Koffer fortgeschwemmt worden.

Nach dem Frühstück ging ich raus in den Regen, um mir die Häuser anzusehen. Das Hotel befindet sich Ecke Great Russell Street und Bloomsbury Street, der Eingang ist in der Great Russell Street, einer Geschäftsstraße, und die Häuser, die ich von meinem Fenster aus gesehen hatte, stehen in der Bloomsbury Street.

Langsam ging ich die Straße entlang und hielt den Blick unentwegt auf die Häuser gerichtet, bis ich zur Ecke und zu einem dunklen kleinen Park kam, der Bedford Square heißt. Der Park ist an drei Seiten von weiteren schmalen Backsteinhäusern gesäumt, nur dass diese hier viel hübscher und viel gepflegter sind. Ich setzte mich auf eine Parkbank und sah die Häuser unverwandt an. Ich zitterte. Nie in meinem Leben war ich so glücklich gewesen.

Mein ganzes Leben lang wollte ich nach London. Ich bin in englische Filme gegangen, bloß weil ich Straßen mit solchen Häusern sehen wollte. Wenn ich in dem dunklen Kinosaal saß, wurde der Wunsch, auf einer solchen Straße zu gehen, so heftig, dass er wie Hunger an mir nagte. Manchmal, wenn ich abends zu Hause saß und bei William Hazlitt oder Leigh Hunt eine flüchtige Beschreibung von London las, ließ ich das Buch sinken, weil mich plötzlich eine Sehnsucht überflutete, die wie Heimweh war. Ich wollte London sehen, so wie alte Leute ihre Heimat noch einmal sehen wollen, bevor sie sterben. Ich sagte mir, dass das bei einer Schriftstellerin und begeisterten Leserin, die mit der Sprache Shakespeares aufgewachsen ist, nur natürlich war. Aber als ich auf der Bank auf dem Bedford Square saß, kam mir nicht Shakespeare in den Sinn, sondern Mary Bailey.

Meine Vorfahren sind ein gemischter Haufen, zu dem auch eine englische Quäkerfamilie namens Bailey zählt. Eine Tochter aus dieser Familie, Mary Bailey, die 1807 in Philadelphia geboren wurde, war die einzige meiner Vorfahren, für die ich mich als Kind interessierte. Von ihr ist ein Sticktuch erhalten, das ich oft stundenlang betrachtete, weil ich mir davon Auskunft über Mary erhoffte. Ich weiß nicht, warum ich unbedingt etwas über sie erfahren wollte.

Als ich nun auf dem Bedford Square saß, machte ich mir klar, dass Mary Bailey in Philadelphia geboren und in Virginia gestorben war und London nie gesehen hatte. Aber der Name blieb mir im Kopf. Vielleicht war sie die Namensvetterin von jemand anderem. Vielleicht war es auch ihre Großmutter oder ihre Urgroßmutter gewesen, die in die alte Heimat hatte zurückkehren wollen. Während ich auf der Bank saß, wusste ich nur eines mit Gewissheit, nämlich dass irgendeine längst verstorbene Mary Bailey eine Nachfahrin gefunden hatte, die für sie den Weg in die alte Heimat gemacht hatte.

Ich ging wieder ins Hotel und machte mich zurecht, damit ich bei André Deutsch einen guten Eindruck hinterlassen würde. Bürstete mein dunkelblaues Jackett (was mir in New York niemand glauben wird) und versuchte eine halbe Stunde lang, mein neues rot-weiß-blaues Tuch zu einem Ascot-Knoten zu binden, weil ich ein bisschen britisch aussehen wollte. Dann ging ich in die Halle, setzte mich kerzengerade auf einen Stuhl und rührte mich nicht vom Fleck, aus Angst, dass ich in Unordnung geraten könnte, bis eine junge Sekretärin hereinstürmte und mich drei Häuser weiter zum Verlag in der Great Russell Street eskortierte.

Ich lernte Carmen kennen – sehr forsch und flink und dramatisch aussehend – und wurde von einer lebhaften jungen Reporterin vom *Evening Standard*, die Valerie Jenkins hieß, interviewt. Nach dem Interview stiegen wir drei und ein Fotograf in ein Taxi, und Carmen sagte zu dem Fahrer:

»84, Charing Cross Road.«

Die Vorstellung, dass ich auf dem Weg zu dieser Adresse war, hatte etwas Unwirkliches. Zwanzig Jahre lang hatte ich Bücher von der Buchhandlung in der Charing Cross Road gekauft und mich mit den Menschen dort angefreundet, ohne sie je gesehen zu haben.

Die meisten Bücher, die ich bei Marks & Co. kaufte, hätte ich wahrscheinlich auch in New York bekommen können. Jahrelang hatten Freunde mir geraten: »Probier's doch mal bei O'Malley's.« Oder: »Probier's doch mal bei Dauber & Pine.« Ich habe es nie getan. Ich wollte eine Verbindung nach London haben, und das war mir gelungen.

Die Charing Cross Road ist eine enge, schäbige, von Autos verstopfte Straße mit vielen Antiquariaten. Auf den Ständen vor den Geschäften lagen Berge alter Bücher und Zeitschriften, und hier und da stand ein friedlicher Mensch im Nieselregen und stöberte in den Auslagen.

Bei der Nummer 84 stiegen wir aus. Der Verlag hatte die leeren Fenster mit Exemplaren meines Buches dekoriert. Hinter den Schaufenstern sah der Laden düster und kahl aus. Carmen holte von Poole's nebenan den Schlüssel und schloss die ehemalige Buchhandlung Marks & Co. für uns auf.

Die beiden großen Räume waren leer geräumt. Sogar die schweren Eichenregale waren von den Wänden montiert worden und lagen staubig und verlassen auf dem Boden. Ich stieg die Treppe ins Obergeschoss hinauf, und auch da waren alle Räume leer und gespenstisch. Die Buchstaben, die an den Fenstern Marks & Co. ergeben hatten, waren abgerissen worden, ein paar lagen noch auf der Fensterbank, die weiße Farbe war teilweise abgesprungen.

Ich schickte mich an, nach unten zu gehen, und meine Gedanken wanderten zu dem – inzwischen verstorbenen – Mann, mit dem ich so lange Jahre korrespondiert hatte. Auf halbem Weg legte ich meine Hand auf das Eichengeländer und sagte leise: »Was sagen Sie nun, Frankie? Ich habe es doch noch geschafft.«

Wir gingen nach draußen – und ich stand brav da und ließ mich fotografieren, als würde ich andauernd fotografiert. Da kann man mal sehen, wie begierig ich bin, einen guten Eindruck zu machen und niemandem irgendwelchen Ärger zu bereiten.

Als ich wieder ins Hotel kam, lag an der Rezeption ein Brief für mich. Er war von Pat Buckley, dem ehemaligen Eton-Schüler, von dem Jean Ely mir erzählt hatte.

Ohne Anrede, nur:

Jean Ely schreibt, dass Sie erstmals zu Besuch hier sind. Können Sie am Sonntag um 19.30 auf einen Happen vorbeikommen? – und dann machen wir eine kleine Tour durch das alte London.
Rufen Sie mich Samstag oder Sonntag vor 9.30 an.
In Eile
P. B.

Samstag, 19. Juni

Bin komplett demoralisiert.

Kam gerade vom Frühstück und habe Pat Buckley angerufen.

»Ah, ja«, sagte er mit einem deutlichen Oberschichtakzent, »hallo.«

Ich sagte, ich würde morgen gern zum Abendessen kommen, und fragte, ob noch andere Gäste eingeladen seien.

»Ich gebe keine Abendgesellschaft für Sie«, sagte er ungeduldig. »Jean hat geschrieben, dass Sie London sehen wollen.«

Ich stammelte, es sei mir natürlich recht, mit ihm allein zu essen, ich hätte nur gefragt, damit ich wüsste, was ich anziehen solle, denn wenn wir allein seien, dann könnte ich einen Hosenanzug anziehen.

»Meine Güte, muss das sein?«, sagte er. »Ich verabscheue Frauen in Hosen. Wahrscheinlich ist das furchtbar altmodisch, aber ich finde, sie sehen alle miteinander scheußlich in Hosen aus. Aber gut, wenn Sie darauf bestehen, dann tragen Sie eben Hosen.«

Es sind zehn Grad, und es regnet, da ziehe ich für ihn doch keinen Sommerrock an.

Gerade rief Nora an, sie holt mich heute Nachmittag um zwei für das Interview ab.

»Ihr Hotel ist unmittelbar hinter dem British Museum, Helen«, sagte sie. »Gehen Sie doch eine Weile in den Lesesaal, da ist es sehr friedlich.«

Hab ihr gesagt, dass ich in New York oft genug ins Museum gehe und, weiß der Himmel, oft genug in irgendwelchen Leseräumen sitze.

Gehe jetzt raus ins Nasse und mache einen Rundgang durch Bloomsbury.

Mitternacht

Nora und ich hatten unser Interview bei der BBC; es ist das einzige moderne Gebäude, das ich bisher gesehen habe, und ich hoffe, ich muss nicht noch eins sehen; es ist eine Monstrosität – ein riesiger, halbrunder Granitblock, ein abstoßender Anblick. Hier haben sie keine Ahnung von Wolkenkratzern. In New York haben sie von nichts anderem eine Ahnung.

Die Interviewerin war ein spezieller Fall. Erst erzählte sie den Hörern am Radio, dass wir zwar zwanzig Jahre miteinander korrespondiert hätten, uns in der Zeit aber nie begegnet seien. Dann wandte sie sich an uns und fragte, wie wir uns nun fänden, nachdem wir uns endlich kennen gelernt hätten, ob wir enttäuscht seien? Wenn wir uns nie geschrieben hätten und uns erst jetzt begegnet wären, würden wir uns dann mögen?

»Was war das denn für eine Frage, also wirklich!«,
sagte Nora empört, als wir rauskamen. »Ob ich Sie mögen würde, wenn wir uns gerade kennen gelernt hätten? Woher soll ich wissen, ob ich Sie mögen würde?
Ich kenne Sie seit zwanzig Jahren, Helen!«

Sie fuhr mit mir zum Portland Place und zum Regent's Park, den ich auf Anhieb leidenschaftlich liebte.
Wir kamen an der Wimpole Street und der Harley
Street vorbei – und wo war ich: in einem *Auto*; ich hatte
das Gefühl, in einem Metallkäfig zu sitzen und nicht
raus zu können, aber es regnete. Am ersten regenfreien
Tag gehe ich zu Fuß dorthin.

Es gibt einen Crescent, eine halbmondförmige Straße, mit Nash-Häusern – ich weiß nicht genau, wann
Nash gelebt hat, aber er hat prächtige weiße Häuser
gebaut, die nach Beau Brummel und Lady Teazle rie-
chen –, und als der Regen ein wenig nachließ, stiegen
wir aus dem Auto und setzten uns einen Moment auf
eine Parkbank, damit ich die Häuser betrachten konnte. Wir überlegten, welche Häuser wir kaufen würden,
falls wir im nächsten Leben reich zur Welt kämen.

Nora hat mir erzählt, dass sie vor dem Krieg als armes
Dienstmädchen aus Irland nach London gekommen sei.
Sie hat in einem der Häuser der Reichen als Küchen-
mädchen gearbeitet, wo sie das Brot hauchdünn
schneiden und mit Gurke belegte Sandwiches zubereiten musste.

Zum Abendessen fuhren wir nach Highgate, wo
Nora wohnt. Sie und Sheila haben sich da ein Haus ge-

kauft, als Frank starb und die jüngere Tochter heiratete. Auf dem Weg dorthin kamen wir durch Hampstead
Heath, und Nora hielt an dem Friedhof, auf dem Karl
Marx beerdigt liegt. Die Tore waren verschlossen, aber
ich habe über die Mauer zu ihm rübergeschaut.

Das Haus liegt in den Hügeln im Norden Londons, an
einer attraktiven Vorstadtstraße, die eine einzige Ro-
senpracht ist, denn in jedem Vorgarten stehen blühen-
de Rosen. Ein einziges Farbenmeer, wie der Herbst in
Neuengland: nicht nur Rot und Rosa und Gelb, sondern auch Lavendel, Blau, Purpur und Orange. Jede
Farbe hat ihren eigenen Duft, und ich bin fast über-
geschnappt, als ich mich durch Noras Garten schnup-
perte.

Zum Nachtisch gab es Erdbeeren und dicke englische
Sahne, und als Nora nur noch eine Erdbeere auf dem
Teller hatte, sah sie Sheila entsetzt an und sagte: »Es ist
schon wieder ›nie‹ rausgekommen, Sheila!«

Sie isst die Erdbeeren nach dem alten Kinderreim,
der einem sagen soll, wann man heiraten wird: »Dieses
Jahr, nächstes Jahr, irgendwann, nie.« Wenn die letzte
Erdbeere auf »nie« fällt, muss Sheila sie trösten. Sheila
ist mehr Mutter als Stieftochter.

Nora hat mir einen ganzen Arm voll frischer Rosen
geschnitten, und Sheila hat mich zurückgefahren. Sie
unterrichtet an einer Vorstadtschule. Es gibt zwei Männer, die sie umwerben; ich glaube, beide langweilen
sie, sie hat den Mann, den sie heiraten möchte, noch
nicht gefunden.

31

Große Aufregung in der Halle, als ich ins Hotel komme, wegen des Interviews im *Evening Standard*. Einer der Männer an der Rezeption hat mir ein Exemplar aufgehoben.

Hier ein Auszug:

So trifft sie in London ein, ausgesprochen fesch in einem schicken dunkelblauen Hosenanzug von Saks und einem Foulard mit einem französischen Knoten.

Da bringt man sich fast um, weil man einen Ascot-Knoten binden will, und das Ergebnis ist ein französischer Knoten!

Wenn die wüssten, wie lustig ich es finde, wenn man mich schick nennt. Ich trage die gleichen Sachen, die ich mein Leben lang getragen habe, und seit Jahren gelte ich als etwas ungepflegter Künstlertyp. Meine Schwägerin Alice zum Beispiel hat sich jahrein, jahraus die Hacken wund gelaufen nach einer Schultertasche, die sie mir zu Weihnachten schenken konnte, weil ich mich weigerte, mit Handtasche zu gehen, aber kein Mensch benutzte Schultertaschen, deswegen wurden sie nicht hergestellt. (Wenn man eine Handtasche hat, muss man sich entscheiden, was man mitnehmen will: das Portemonnaie, die Brille oder die Zigaretten. Wählt man zwei von den dreien, kriegt man die Tasche vielleicht noch zu.) Ich habe auch nie hochhackige Schuhe getragen, weil ich gern zu Fuß gehe, und das ist unmöglich, wenn einem die Füße wehtun. Und ich habe immer nur Jeans oder Hosen getragen, weil Röcke im

Winter so zugig sind und mich beim Gehen behindern, und außerdem sieht man die Laufmaschen nicht, wenn man Hosen trägt.

Also bot ich modisch gesehen jahrelang einen schauderhaften Anblick, in flachen Schuhen und Hosen und mit Schultertasche. Ich laufe immer noch so herum – und nachdem ich damit mein Leben lang eine Außenseiterin war, bin ich jetzt modisch so aktuell, dass mein Hosenanzug im *Evening Standard* begeisterte Erwähnung findet.

Sonntag, 20. Juni

Bin nach dem Frühstück mit meinem Stadtplan aufgebrochen und habe mir die Sehenswürdigkeiten von Bloomsbury angesehen. Hab mich mehrmals verlaufen; anscheinend kann eine Straße auf dem Stadtplan links eingezeichnet sein, ohne dass sie notwendigerweise auch links vom eigenen Standort ist. Etliche Männer verließen den Schutz ihrer Regenschirme, um mir den Weg zu weisen.

Am Nachmittag klarte es auf, und jetzt liege ich in einem Liegestuhl in einem Park ganz in der Nähe und lasse mich vom Nebel verwöhnen. Unweit des Hotels gibt es drei taschentuchgroße Parks. Dieser befindet sich unmittelbar hinter dem British Museum. Auf dem Schild am Tor heißt es:

Russell Square
_____

Bitte keinen Abfall zurücklassen
_____

Hundebesitzer werden gebeten,
auf ihre Hunde aufzupassen.

In der Mitte des Platzes ist ein Rosengarten um ein äußerst praktisches Vogelbad herum angelegt: eine Marmorplatte mit einem dünnen Wasserstrahl in der Mitte. Ein Vogel kann auf der Platte stehen, trinken oder sich die Federn waschen, ohne zu ertrinken. Ich wünschte, dass der, der das hier entworfen hat, sich des englischen Duschproblems annehmen würde.

Soeben trat ein älterer Herr in Uniform auf mich zu, verneigte sich und sagte:

»Vier Pence, bitte.«

Für die Benutzung des Liegestuhls.

Er entschuldigte sich für das Wetter, er und ich sind die einzigen Menschen im Park. Ich sagte, der Regen sei gut für die Rosen, und er erzählte mir, dass die Gärtner der Londoner Parks jedes Jahr einen Wettbewerb veranstalten, wer die besten Rosen züchtet.

»Ich glaube, dieses Jahr hat unser Mann eine Chance«, sagte er. Ich antwortete ihm, dass der Gärtner am Russell Square sich meiner Unterstützung gewiss sein könne.

Muss mir jetzt meinen marineblauen Hosenanzug für Pat Buckley anziehen. Vielleicht bin ich auch gemein und behalte meinen zweitbesten kaffeebraunen Hosenanzug an, wegen des Wetters.

Mitternacht

Seit einer Stunde sitze ich auf der Bettkante und bin völlig benommen. Ich habe ihm gesagt, wenn ich heute

Nacht sterbe, dann sterbe ich glücklich; denn es ist alles hier, wirklich alles.

Pat Buckley wohnt in Rutland Gate, das ist unten in Knightsbridge oder Kensington, unter dem linken Rand meines Stadtplans; ich nahm mir ein Taxi. Rutland Gate ist eine kleine Anlage von weißen Steinhäusern, die um einen grünen Platz gebaut sind. Alles in London liegt um grüne Plätze, sie sind wie kleine Oasen.

Er hat eine Wohnung im Erdgeschoss. Ich läutete, und er öffnete die Tür und sagte:

»Hallo, Sie haben also hergefunden.«

Er ist zierlich – schmal gebaut, schmales Gesicht, unbestimmtes Alter – und hat eine dieser zarten, fast brüchigen englischen Stimmen, angenehm und dabei neutral. Er nahm mir mein Jackett ab und führte mich in einen Oscar-Wilde-Salon. An der Wand hängt ein lebensgroßes Porträt von seiner Mutter als Debütantin in dem Kleid, in dem sie bei Hofe vorgestellt wurde. An einer anderen Wand steht eine Vitrine, in der seine Sammlung von silbernen Visitienkartenetuis ausgestellt ist – kleine, viereckige Etuis: Gold, Silber, Onyx mit Einlegearbeiten aus Perlen, Elfenbein mit eingelassenen Goldfäden, keines wie das andere. Die Sammlung ist sein Hobby, und sie ist umwerfend.

Er brachte mir ein Glas Sherry, und als ich sagte, ich fände Eton sehr beeindruckend, brachte er mir sein Eton-Jahrbuch und zeigte mir Fotos von seinen Zimmern dort.

Wir aßen im Esszimmer an einem polierten Mahagoni-Tisch, der mit schwerem englischem Silber gedeckt war. Er hat eine Haushälterin, die für ihn und seine Gäste ein kaltes Abendessen zubereitet, den Kaffee macht und den Tisch deckt, bevor sie geht. Der Tisch war so gedeckt wie bei uns – links die Gabel, rechts das Messer und der Löffel –, aber quer oben über dem Teller lagen eine Austerngabel und ein Suppenlöffel. Ich wartete, bis er das Besteck nahm, damit ich erfuhr, was man damit machte.

Es gab Geflügelsalat und danach Erdbeeren mit Sahne, und dafür benutzt man das quer liegende Besteck: Man spießt eine Erdbeere mit der Austerngabel auf und nimmt Sahne mit dem Suppenlöffel, streift die Erdbeere auf den Löffel und schlürft sie mit der Sahne zusammen weg.

Nach dem Essen stiegen wir in sein Auto. Er fragte mich nicht, was ich gern sehen würde, sondern fuhr mich zu der Ecke, wo das Globe Theatre gestanden hat. Heute ist da nichts, der Platz ist leer, und ich bat ihn anzuhalten und stieg aus; ich stellte mich auf den leeren Platz und hatte das Gefühl, mir würde der Kopf davonfliegen.

Er stieg auch aus, und gemeinsam erkundeten wir die dunklen Sträßchen in der Umgebung – die Straßen Shakespeares, alle noch da. Und die Straßen, durch die Dickens gegangen ist: Er zeigte mir einen Dodger, der verstohlen aus dem Fenster eines uralten Hauses guckte.

Er ging mit mir in einen Pub, der The George heißt,

und als er die Tür aufmachte, sagte er mit seiner zarten, neutralen Stimme:

»Hier ist schon Shakespeare immer hergekommen.«

Was soll ich sagen? Ich ging durch eine Tür, durch die Shakespeare einst gegangen war, und betrat einen Pub, den er gekannt hatte. Wir setzten uns an einen Tisch ganz hinten, und ich lehnte meinen Kopf an die Wand hinter mir, eine Wand, an die schon Shakespeare seinen Kopf gelehnt hatte, und es war unbeschreiblich.

Der Pub war voll. Die Menschen standen dicht gedrängt an der Bar, und alle Tische waren besetzt. Plötzlich ärgerte ich mich über all die dumpfen Bürger, die dort aßen und tranken, ohne jegliches Gefühl für den Ort zu zeigen, an dem sie sich befanden, und ich sagte schnippisch:

»Wenn nicht all diese Menschen hier wären, könnte ich mir vorstellen, dass Shakespeare jeden Moment durch die Tür kommt.«

Doch im gleichen Moment wusste ich, dass das falsch war. Er kam mir zuvor: »Aber nein. Die Menschen sind so wie früher.«

Und das stimmte natürlich. Auf den zweiten Blick erkannte ich einen blonden, bärtigen Justice Shallow, der mit dem Barkeeper sprach. Weiter unten am Tresen erzählte Zettel der Weber einem spitzgesichtigen Bardolph auf umständliche Art und Weise seine Kümmernisse. Und am Nebentisch saß im geblümten Kleid und mit großem weißem Hut Frau Hurtig und lachte ein mörderisches Lachen.

P. B. zerrte mich schließlich aus dem Pub und fuhr los, um mir St. Paul's Cathedral im Flutlicht zu zeigen. Am liebsten wäre ich die Stufen hinaufgegangen und hätte die Türen von John Donnes Kathedrale berührt, aber sie werden morgen noch da sein, es hat Zeit, es hat Zeit.

Er fuhr mit mir zum Tower, der riesiger und Furcht einflößender ist, als ich mir vorgestellt hatte, wie ein weitläufiges mittelalterliches Alcatraz. Es war gerade zehn, als wir ankamen, und ich sah, wie die Wachen die Tore schlossen. Trotz ihrer prunkvollen schwarz-roten Uniformen sahen sie grimmig und Furcht erregend aus, als sie die Tore zu diesem schrecklichen Gefängnis verriegelten, während die Dunkelheit sich endgültig herabsenkte. Man stellt sich die junge Elizabeth vor, wie sie hinter den Steinmauern saß und darum bat, an Bloody Mary schreiben zu dürfen, um zu erwirken, dass sie mit dem Schwert und nicht mit der Axt geköpft werde.

Nachdem die Tore geschlossen waren, marschierten die Wachen wieder zu dem enormen eisernen Portal. Das wurde hochgezogen, um sie einzulassen, dann heruntergelassen und klirrend verriegelt, und neben mir sagte die zarte Stimme:

»Das machen sie seit siebenhundert Jahren, jeden Abend, ohne Fehl.«

Das will mir nicht in den Kopf. Selbst wenn man nur dreihundert Jahre zurückrechnet, dann fällt einem das Große Feuer von London ein, die Pest, die Revolution unter Cromwell, die napoleonischen Kriege, der Erste Weltkrieg, der Zweite Weltkrieg –

»Sie haben den Tower jeden Abend mit diesem Zeremoniell abgeschlossen?«, fragte ich ihn. »Jeden Abend, sogar während der Bombenangriffe?«

»Ja, natürlich«, sagte er.

DAS soll man mal Hitler auf seinen Grabstein schreiben, DAS soll sich der große amerikanische Patriot Wernher von Braun hinter die Ohren schreiben, dessen V-Waffen jedes vierte Haus in London zerstörten.

Als er mich nach Hause fuhr und ich ihm danken wollte, sagte er:

»Oh, ich danke *Ihnen*! Die meisten Amerikaner wollen diese Besichtigungstour nicht machen. Sie lassen sich eine Viertelstunde von mir herumfahren, und dann fragen sie, wo die Dorchester Bar ist.«

Die meisten Amerikaner, die er kennt, sagte er, sehen London nie richtig.

»Sie fahren mit dem Taxi vom Hilton zu Harrods, von Harrods zum Theater, vom Theater zur Dorchester Bar.«

Er sagte, dass er vier amerikanische Geschäftsleute kennt, die eine Woche lang in London waren und nie einen Schritt aus dem Hilton getan haben.

»Sie sitzen den ganzen Tag in ihrem Zimmer, haben ein Telefon und eine Flasche Scotch, und man wundert sich, warum sie je aus den Staaten hierher gekommen sind.«

Er gab mir eine Liste von Sehenswürdigkeiten, bot aber nicht an, sie mir zu zeigen.

Montag, 21. Juni

Heute morgen haben Eddie und Isabel mich zu einer Besichtigungstour abgeholt; Isabel ist eine alte Schul-
freundin, die beiden leben in Texas. Eddie und Isabel
sind das konventionellste und konservativste Paar, das
ich kenne.

Morgens war es sonnig, und als sie mich abholten,
war ich von ihrem Anblick entzückt: Isabel trug Baum-
woll-Latzhosen und eine bedruckte Bluse, und Eddie
hatte ein Freizeithemd und Drillichhosen an. Es war das
erste Mal, dass ich sie in einem Aufzug sah, der nicht
förmlich und hochkorrekt war. Da ich um drei ein Interview bei der BBC hatte und nicht wusste, ob ich zwi-
schendurch zum Hotel zurückkommen würde, trug ich
meinen weniger eleganten beigefarbenen, leinenen Hosenanzug und hob mich damit geradezu von ihnen ab.

Sie waren schon öfter in London gewesen und kannten die Sehenswürdigkeiten, deshalb schlenderten wir
durch die Einkaufsstraßen. Sie kaufen gern Kuriositäten
und gute Drucke und lieben es, Schaufenster anzusehen, und so verbrachten wir den ganzen Morgen damit.
Als wir um die Mittagszeit eine Straße entlanggingen,
blieb ich plötzlich mit weit aufgerissenen Augen stehen,
denn da, direkt vor uns, war Claridge's.

Claridge's ist das Hotel, in dem alle Personen aus den Stücken von Noël Coward zum Lunch gehen. Seit Jahren habe ich glanzvolle Bilder in meinem Kopf von vornehmen Londonern, die in aller Eleganz dem Claridge's zustreben.

Eddie fragte mich, was es denn zu sehen gäbe, und ich erklärte es ihm.

»Wunderbar«, sagte er, »gehen wir ins Claridge's zum Lunch.«

Es war eine spontane und großzügige Geste und sehr typisch für ihn. Ich erwartete, dass Isabel sagen würde: »Aber, Eddie, so wie wir angezogen sind!«, doch zu meiner Überraschung tat sie es nicht.

»Ich glaube, es ist sehr elegant«, sagte ich. »Wir sollten erst nach Hause gehen und uns umziehen.«

»Sie werden unser Geld schon nehmen«, sagte Eddie trocken – hakte sich bei uns unter und führte uns stolz ins Claridge's hinein.

Ich bin von Natur aus ein unordentlicher Mensch. An einem gewöhnlichen Tag zu Hause ist es mir völlig gleichgültig, wie ich aussehe. Aber wir gingen ins Claridge's! Ich aß Lunch in einem Saal voller Anmut und Eleganz, umgeben von perfekt gekleideten und frisierten Londonern – und saß zwischen zwei glücklichen Menschen aus Texas, die für ein Picknick gekleidet waren und sich wie die Kinder freuten, dass sie mir etwas ganz Besonderes bieten konnten.

Nach dem Essen begleiteten sie mich zur BBC. Später machten wir noch einen Schaufensterbummel, und gegen sechs waren wir im Theaterviertel. Beim Aldwych standen ein paar Leute vor der Kasse an und hofften auf nicht abgeholte Karten für *Ein Sommernachtstraum*. Eddie sprach mit einem Mann in der Schlange, kam zu uns zurück und sagte:

»Es gibt immer ein paar Karten, die nicht abgeholt werden. Wenn wir uns jetzt anstellen, können wir um sieben, wenn die Kasse aufmacht, Karten bekommen. Das Stück fängt um halb acht an, und danach könnten wir essen gehen.«

Ich muss dazu sagen, dass es sich um die Inszenierung von Peter Brook handelte, um die Produktion der National Shakespeare Theatre Company. Ich hätte eine Woche meines Lebens für eine Eintrittskarte gegeben. Ich hatte versucht, für Nora, Sheila und mich über das Hotel Karten zu bestellen, es war das einzige Stück, für das ich keine bekommen konnte, es ist bis zum Ende der Saison ausverkauft. Doch so sehr ich das Stück auch sehen wollte: So, wie wir angezogen waren, hätte ich dieses Theater *niemals* betreten können – in Kleidern, die wir seit dem Morgen anhatten, ohne uns den ganzen Tag auch nur das Gesicht gewaschen zu haben. Eddie und Isabel jedoch, denen es nicht im Traum einfallen würde, so in Houston ins Theater zu gehen, waren bereit, es in London zu tun.

Das Ganze war für mich ohnehin eine akademische Frage: Ich hätte keine zehn Minuten anstehen können, geschweige denn eine ganze Stunde. Den ganzen Tag hatte ich mit zusammengebissenen Zähnen die Auslagen in den Schaufenstern betrachtet, und um sechs konnte ich einfach nicht mehr. Ich sagte, ich müsse für heute Schluss machen und mich irgendwo hinsetzen, bevor meine Organe aus mir rauspurzelten. Sie sind gute alte Freunde, sie gaben das Unternehmen sofort auf, und wir gingen stattdessen in einen kleinen Pub in einer Seitenstraße und aßen zu Abend.

Erst als ich nach Hause kam, wurde mir klar, dass wir die Rollen vertauscht hatten. Weil Eddie und Isabel hier im Ausland sind, wo keiner sie kennt, haben sie eine Menge gesellschaftlicher Hemmungen fallen lassen. Weil ich hier im Ausland bin, wo mich keiner kennt, habe ich mir eine ganze Palette von Hemmungen zugelegt, die ich zu Hause nicht kenne. Verrückt?

Carmen rief gerade an und erinnerte mich an die morgige Signierstunde und das Essen mit André Deutsch morgen Abend. Ich habe ihr gesagt, dass ich meinen Terminkalender an den Reisewecker gelehnt habe, so dass mein erster Blick darauf fällt, wenn ich morgens den Wecker abstelle.

Als ich sie fragte, was ich tun solle, falls niemand zu der Signierstunde käme, sagte sie forsch: Sprechen Sie mit dem Geschäftsführer, er ist ein Verehrer. Nach zwanzig Minuten können Sie sagen, dass Sie Kopfschmerzen haben, dann bestellt er Ihnen ein Taxi.

Dienstag, 22. Juni

Wir klapperten die Buchhandlungen im Regen ab. In allen lag *84* gut sichtbar aus, und alle Geschäftsinhaber und Buchhändler verneigten sich und strahlten und schüttelten mir die Hand, so dass ich nach der dritten Buchhandlung erhobenen Hauptes huldvoll einherschritt, als wäre ich das alles gewohnt. Wir trafen um halb drei zu der Signierstunde bei Poole's ein – und stell sich einer vor: da stand eine lange Schlange von Menschen, die alle mein wichtiges Autogramm haben wollten! An einem regnerischen Dienstag!

Sie hatten mir einen Tisch aufgestellt, wo die Schlange anfing, ich setzte mich hin und fragte den ersten Mann, wie er heiße und ob er mir etwas von sich erzählen wolle, damit ich etwas Persönliches schreiben könne; ich kann *nicht* von der Angewohnheit lassen, Bücher zu signieren und freundliche kleine Sprüche dazuzuschreiben, die das ganze Deckblatt füllen.

Eine Frau aus Kalifornien baute einen Stapel von zwölf Büchern vor mir auf, holte ihre Liste hervor und sagte, das erste sei für ihren Bruder Arnold, der im Krankenhaus liege, ob ich etwas Fröhliches für ihn schreiben könne, und dieses sei für Mrs. Pratt, ihre Nachbarin, die für sie die Blumen gieße, und dieses sei für ihre Schwiegertochter Pat, könnte ich schreiben: »Für Pat von Mother Crawford Via –«? Zwölf. Hin und wieder blinzelte ich an der Schlange entlang (ich hatte meine Brille nicht aufgesetzt, ich bin berühmt) und entschuldigte mich, weil die anderen warten mussten; sie lächelten und warteten geduldig weiter, die Menschen sind unglaublich.

Das Ende der Schlange war fast erreicht, und ich sagte automatisch, ohne aufzublicken: »Würden Sie mir bitte Ihren Namen nennen?« Und er sagte: »Pat Buckley«, ganz sanft, und ich blickte auf, und da stand er mit zwei Büchern unter dem Arm. Ich sagte, ich wolle ihm eins schenken. Ich signierte seine beiden Exemplare, so dass er sie an Freunde verschenken konnte.

Er fragte mich, ob ich am Samstag frei sei, falls er »einen kleinen Ausflug arrangieren könne«, und ich sagte, ich sei jederzeit frei für einen Ausflug, den er arrangiere, und er strahlte und sagte, er werde sich melden.

Nach der Signierstunde gab es Sherry mit dem Geschäftsführer, der Mr. Port heißt (Tatsache). Er gab mir einen Brief, den jemand für mich hinterlegt hatte, und ich steckte ihn in meine Schultertasche und nahm ihn mit ins Hotel, und just in diesem Moment ist er mir wieder eingefallen, also habe ich ihn rausgeholt und aufgemacht.

Liebe Miss Hanff,
willkommen in England. Ein Gönner in Philadelphia
hat uns Ihr Buch geschickt, und wir haben großen

Gefallen daran gefunden, wie alle unsere Freunde auch.
Vielleicht haben Sie am nächsten Montag, dem
28. Juni, Zeit, um sich mit uns die Peter-Brook-
Produktion von Ein Sommernachtstraum *anzusehen?*
Das Stück wird im Aldwych, dem Londoner Theater
der National Shakespeare Company, gegeben. Wir
gehen zusammen mit zwei australischen Freunden, die
beide Ihr Buch verehren.
Mein Mann ist Engländer wie ich, aber meine Mutter
ist Amerikanerin.
Wir würden uns sehr freuen, wenn Sie Zeit hätten, uns
zu begleiten. Würden Sie mich anrufen? – Dann können
wir uns überlegen, wo wir uns vorher zu einem kleinen
Abendessen treffen.
Mit freundlichen Grüßen
Joyce Grenfell

Ich habe das Gefühl, als hätte Gott sich aus dem Himmel heruntergebeugt und mir einen goldenen Stern auf die Stirn geklebt.

Jetzt sitze ich hier, für das Deutsch-Dinner aufgeputzt in meinem seidenen Cocktailkleid mit passendem Mantel, eine halbe Stunde vor der Zeit bereit. Ich wage nicht einmal zu rauchen, es könnte ja Asche auf mein Kleid fallen.

1 Uhr nachts

Als das Auto kam, erhielt ich von der Rezeption ein Klingelzeichen, und ich ging runter in die Halle, wo Mr. Otto, der Geschäftsführer des Kenilworth, sich feierlich verneigte und sagte:

»Madams Wagen wartet.«

Ich sagte zu ihm, dies sei meine einzige und letzte Chance, eine gefeierte Persönlichkeit zu sein, und ich würde sie bis zum Äußersten auskosten. Er nickte gemessen und sagte: »Gewiss.« Er und die beiden jungen Männer, die an der Rezeption arbeiten, haben ihr helles Vergnügen an all den Rosen und den Telefonaten und den hinterlegten Nachrichten. Und ich auch, das kann man wohl glauben.

Die Dinnerparty fand in einem ungarischen Restaurant statt. Es heißt Victor's. Victor ist ein guter Freund von André Deutsch, sie sind beide Ungarn, aber Victor ist noch ungarischer. Er verneigte sich und küsste mir die Hand und sagte, ich sei »schön« und »für einen Monat Königin von London« und mein Buch sei auch »schön«. Ich sagte zu Deutsch:

»Ihr Freund scheint direkt einem Molnar zu entspringen.«

Und Deutsch sah mich milde überrascht an und sagte:

»Ah, kannten Sie Ferenc?«

Nein, ich kannte Ferenc nicht, aber André Deutsch kannte ihn. Falls es einen noch lebenden Molnar-Fan gibt, der dies liest: Man spricht es Ferenzi.

Das Dinner fand in einem privaten Speisesaal im ersten Stock statt; wir stiegen die mit Teppich ausgelegte Treppe empor, ungefähr acht Personen, und betraten einen Speisesaal, in dem ein großer, runder Tisch stand, beladen mit Weingläsern und Blumen und Kerzen. Ich saß zwischen André Deutsch – sehr liebenswürdig und wie aus einer versunkenen Zeit – und dem »bekannten Reporter«, dessen Namen ich nicht verstand.

Alle am Tisch waren beeindruckt davon, dass ich Joyce Grenfell treffen würde. Ich kenne sie als Komödiantin aus britischen Filmen, aber in England ist sie viel berühmter für ihre Solo-Auftritte, die ich nicht gesehen habe. Sie schreibt ihre Stücke selbst, und ihre Vorführungen sind immer ausverkauft. Jetzt macht mich die Aussicht, sie kennen zu lernen, natürlich befangen.

Beim Kaffee reichte jemand ein Exemplar von *84* herum und ließ es von allen Gästen für mich signieren. Oben auf die Seite hatte jemand ein blumiges Kompliment hineingeschrieben, an »die Autorin, bei der Talent mit Charme gepaart« ist und Gesellligkeit mit noch etwas, und Deutsch las es vor und nickte emphatisch, schrieb seinen Namen darunter und reichte mir mit großer Geste das Buch. Und Victor las die Widmung und sagte: »Ja, ja, so war es!« Und unterschrieb mit seinem Namen (»Ihr Gastgeber!«) und küsste mir noch einmal die Hand, und das Dessert war ein aufwendig verzierter Kuchen, auf dem in rosa Zuckerguss stand:

WILLKOMMEN HELENE.

Kam um Mitternacht ins Hotel, rauschte in die Halle und teilte Mr. Otto und den jungen Männern mit, dass ich fortan als Herzogin von Bloomsbury gelten wolle. Oder wenigstens als Herzogin der Bloomsbury Street.

Die beiden jungen Männer sind Studenten aus Südafrika. Einer von ihnen fährt in den nächsten Tagen zurück, und der andere empfahl ihm in lässigem Ton:

»Wenn die Polizei zu dir kommt, iss meine Adresse auf.«

Mittwoch, 23. Juni

Nora und ich wurden von einem Antiquar zum Lunch ausgeführt, und beim Essen erzählte Nora die folgende skurrile Geschichte.

Mir scheint, dass Buchhändler eine ähnliche Cliquenwirtschaft haben wie Schauspieler, jedenfalls waren Frank und Nora zehn Jahre lang eng befreundet mit einem Buchhändler namens Peter Kroger und seiner Frau Helen. Die Doels und die Krogers waren unzertrennlich, obwohl die beiden Männer eigentlich Konkurrenten waren. Einmal gaben die Doels eine Silvesterparty, und Helen Kroger erschien in einem langen schwarzen Abendkleid, in dem sie sehr exotisch aussah.

»Helen, du siehst aus wie eine russische Spionin!«, sagte Nora. Und Helen lachte, und Peter lachte, und ein paar Monate später griff Nora morgens zur Zeitung und erfuhr, dass Helen und Peter Kroger *tatsächlich* russische Spione waren.

»Die Journalisten rannten uns das Haus ein«, erzählte Nora. »Sie boten mir ein paar tausend Pfund, wenn ich ihnen von dem ›Ring‹ erzählen würde. Ich sagte, dass der einzige Ring, über den ich etwas sagen könne, mein Ehering sei.«

Sie besuchte die Krogers im Gefängnis, und Peter fragte sie, ob sie sich daran erinnere, dass sie Helen mit einer russischen Spionin verglichen habe.

»Das muss ein ganz schöner Schlag für sie gewesen sein«, sagte ich.

»Ich weiß nicht«, sagte Nora. »Er fragte nur, ob ich mich daran erinnere, dann haben wir von etwas anderem gesprochen.«

Sie und Frank gingen zu den Gerichtsverhandlungen und erfuhren, dass alles, was die Krogers ihnen über ihre Vergangenheit erzählt hatten, erfunden war. Ich fragte Nora, ob ihr das etwas ausgemacht habe, und sie sagte, nein, sie habe Verständnis dafür.

»Es waren die besten Freunde, die wir je hatten«, sagte sie. »Sie waren gute Menschen, wunderbare Menschen. Es ging da ja um Politik, und ich vermute, sie hatten ihre Gründe.«

Ein Jahr darauf wurden die Krogers gegen einen britischen Spion ausgetauscht, der von den Russen festgehalten wurde. Jetzt leben sie in Polen. Helen und Nora schreiben sich noch jedes Jahr zu Weihnachten.

Habe Joyce Grenfell gegen Abend angerufen und ihr erzählt, in welchen Filmen ich sie gesehen habe, und sie sagte:

»Dann erkennen Sie mich ja, ich bin die mit dem Pony.« Ich soll mich mit ihnen am Montag zum Essen im Waldorf treffen, das ist neben dem Theater.

Donnerstag, 24. Juni

Endlich hatte ich einen Tag für mich und. nutzte ihn, um die Gegend um den Regent's Park zu Fuß zu erforschen. Bin den Nash Crescent zwanzig bis dreißig Mal abgegangen, habe das Haus in der Wimpole Street gesehen, wo Robert Browning zu Besuch bei Elizabeth war, bin auf der Harley Street gegangen – und dann Devonshire Street, Devonshire Place, Devonshire Mews, Devonshire Close und Devonshire Mews Close, dies ist eine wunderschöne Stadt.

Als ich zurückkam, lag an der Rezeption eine Nachricht für mich. Keine Anrede.

Können Sie am Samstag Punkt *zwölf hier sein? Wir fahren nach Windsor und Eton und haben ein ziemlich großes Programm.*
In Eile –
P. B.

Wir fahren nach Windsor und Eton. *Ich* fahre dahin.

Mir gefällt die Art und Weise, wie er schreibt, ganz ohne Anrede. Jedes Mal, wenn ich an jemanden von der Telefongesesllschaft oder von einer Versicherung schreibe, regt es mich auf, dass ich mit »Dear Sirs« anfangen muss, wo doch der Angeredete und ich genau wissen, dass er weit davon entfernt ist, mir lieb und teuer zu sein.

Ich sitze und schreibe in der Lounge des Kenilworth. Nicht zu verwechseln mit dem Fernsehraum des Kenilworth, wo alle in völliger Dunkelheit kerzengerade auf kleinen, harten Stühlen sitzen und auf eine Comedy-Show starren. Die Lounge geht von der Halle ab. Es ist ein freundlicher Raum mit Sesseln und einem Sofa, aber wenn man dort in sein Tagebuch schreiben möchte, muss man erst einen raschen Blick hineinwerfen, bevor man das Zimmer betritt. Sitzt eine Frau allein in der Lounge, dann sucht sie jemanden, mit dem sie sich unterhalten kann. Sitzen zwei Frauen da und unterhalten sich bereits, dann sind sie so wohl erzogen und freundlich, dass sie einen Dritten mit einschließen, und wie soll man sich dem entziehen, ohne *un*erzogen und *un*freundlich zu erscheinen?

Als ich heute Abend hereinkam, saß nur ein Mann am Schreibtisch und schrieb Briefe, gerade ist er gegangen. Er bat mich um Feuer, und als er meinen amerikanischen Akzent hörte, erzählte er mir, er habe ein Jahr lang in New York gelebt.

»Und eines Tages ging ich mit einem amerikanischen Freund die Fifth Avenue entlang, und ich sagte zu ihm: ›Warum rennst du so?‹ Und er sagte: ›Ich renne doch gar nicht!‹ Und da wusste ich, dass es an der Zeit war, zurückzukehren.«

Hier wird man nur dann um Feuer gebeten, wenn

man selbst raucht und jemand sich seine Zigarette an der des anderen anzünden kann. Niemand käme auch nur auf die Idee, um ein Streichholz zu bitten, das wäre so, als würde man um Geld bitten. Streichhölzer bekommt man hier nicht umsonst. Sie liegen nicht in den Aschenbechern in der Halle und auch nicht auf den Tischen in den Restaurants. Man muss sie im Geschäft kaufen, wahrscheinlich sind sie importiert und zu teuer, als dass man sie verschleudert, wie wir das in Amerika tun.

Gerade kam eine Dame herein und fragte, ob ich die Schriftstellerin sei. Sie lebt in Kent, London mag sie nicht, sie ist in der Stadt, weil ihr Bruder hier im Krankenhaus liegt, aber wenigstens bekommt sie so ein bisschen von Bloomsbury zu sehen, er will nichts davon hören, dass sie den ganzen Tag im Zimmer sitzt, deswegen war sie am Nachmittag beim Dickens House in der Doughty Street, ob ich da schon gewesen sei?

Sie will sich unterhalten, also unterhalten wir uns.

Freitag, 25. Juni

Heute Morgen habe ich die Rechnung für meine erste Woche im Hotel bekommen; viel höher, als ich erwartet hatte, was an den verschiedenen Mittagessen und Abendessen und den zwölf Prozent zusätzlich für Trinkgelder liegt. Ich habe sie gerade zu Mr. Tammer, dem Buchhalter bei André Deutsch, gebracht. Mr. Tammer ist ein ernster Mann mit Brille, der einem ein unerwartet freundliches Lächeln schenkt, wenn man ihm einen guten Tag wünscht. Einen guten Tag braucht er auch, denn er ist mein persönlicher Kontoführer. Er hat meinen ganzen »Vorschuss« in barer Münze im Safe und zahlt ihn mir in wöchentlichen Raten aus. Er gab mir das Geld für die Rechnung in bar und zehn Pfund dazu, das ist mein Taschengeld für die Woche; wenn das knapp wird, schieße ich etwas von den hundert Dollar dazu, die mein Bruder mir gegeben hat. Ich hatte zehn Dollar davon mitgebracht, weil Mr. Tammer sie mir in Pfund umtauschen sollte, und er holte seine Tabellen und seine Rechenmaschine hervor und rechnete konzentriert und gewissenhaft den aktuellen Wechselkurs aus, damit er mich um Gottes willen bloß nicht um fünfzehn Cent betrügt.

Im Verlag war ein Brief für mich angekommen, der

mich neugierig macht, er ist von einem Mann, von dessen Existenz ich überhaupt nichts wusste. Niemand bei Marks & Co., mit dem ich korrespondiert habe, hat ihn je erwähnt.

Liebe Miss Hanff,
ich bin der Sohn des verstorbenen Ben Marks von
Marks & Co. und möchte Ihnen sagen, wie sehr ich
mich freue, dass Sie hier sind, und wie gern meine Frau
und ich mit Ihnen zu Abend essen würden.
Ich weiß nicht, wo Sie wohnen, könnten Sie mich also
unter einer der obigen Telefonnummern anrufen? Die
zweite ist ein Antwortdienst, und Nachrichten, die dort
hinterlassen werden, erreichen mich auf jeden Fall.
Wir freuen uns beide darauf, Sie kennen zu lernen.
Mit freundlichen Grüßen
Leo Marks

Die Sekretärin, die mir den Brief gab, sagte, er habe angerufen und gefragt, wo er mich erreichen könne.

»Aber wir geben niemandem darüber Auskunft, wo Sie wohnen«, sagte sie. »Wir sagen den Leuten immer, sie möchten sich über den Verlag mit Ihnen in Verbindung setzen.«

Damit war ich überhaupt nicht einverstanden, und ich ging zu Carmen ins Büro, um das zu klären.

»Carmen, meine Liebe«, sagte ich, »ich gehöre nicht zu den Schriftstellern, die von ihrer Öffentlichkeit verschont werden möchten. Ein Fan, der anruft, möchte mich vielleicht zum Essen einladen, und ich stehe als Essensgast jederzeit zur Verfügung. Bitte geben Sie meine Adresse freizügig weiter.«

Sie sagte, es stünden mindestens zwei Interviews an und sie würde sie in die Mittagszeit legen. Ein Interviewer fragte mich, ob ich vorhätte, »Silber oder Kaschmir zu kaufen – oder einfach nur Bücher«. Ich sagte, ich hätte vor, *gar nichts* zu kaufen, denn an allen Dingen in den Schaufenstern hinge ein Preisschild, auf dem stehe: »Ein Tag weniger London.«

Auf zum Parlament.

Mitternacht

ICH WAR IM OLD VIC, Erinnerungen an meine bühnenselige Jugend, das Theater zu betreten war erregend. Nora und Sheila und ich haben uns *Frau Warrens Gewerbe* von Sir Bernard Shaw angesehen. Die Atmosphäre in dem Theater ähnelt der in der alten Met in New York und der Academy of Music in Philadelphia; die Zuschauer betreten mit festlicher Ehrfurcht den Saal, so wie Kirchgänger zu Weihnachten die Kirche.

Sheila hatte Schwierigkeiten, einen Parkplatz zu finden, sie kam drei Minuten nach Vorstellungsbeginn ins Theater und wurde in einen Saal im Keller geführt, wo sie den ersten Akt über die Fernsehanlage sehen musste – man wandert nicht auf dem Mittelgang zu seinem Platz, nachdem der Gottesdienst angefangen hat.

Ich werde nie begreifen, warum *Frau Warrens Gewerbe* in Kostümen der Jahrhundertwende gespielt wurde. Haben Politiker und Geschäftsleute heute keine Bordelle mehr? Wird von armen Mädchen heute nicht mehr erwartet, dass sie tugendhaft verhungern, statt sich untugendhaft etwas zu essen zu beschaffen? Halten sich die moralischen Stützen der Gesellschaft etwa keine Geliebte mehr in einem Häuschen auf dem Lande? Wer kommt darauf, ein solches Stück als Kostümklamotte zu inszenieren, als ob es in eine andere Zeit gehörte? Bernie Shaw würde sich im Grabe umdrehen.

Ich fragte Nora nach Leo Marks, sie sagte, sie habe ihn und seine Frau nur ein paar Mal gesehen, aber »sie sind, glaube ich, ein nettes junges Paar«. Er sei Schriftsteller.

Ich sitze hier und nehme Vitamin-C-Tabletten, weil ich glaube, dass ich mich erkältet habe. Habe einmal versucht, etwas von der Heilerin Mary Baker Eddy zu lesen, hätte dranbleiben sollen.

Samstag, 26. Juni

Endlich ist es warm und sonnig geworden, Gott sei Dank, und ich konnte für P. B. einen Rock anziehen. (Die Schlagzeile in der Zeitung lautete: 23° CELSIUS – ENGLAND VERGEHT VOR HITZE.) Hatte meinen braunen Leinenrock und meinen neuen weißen Blazer angezogen, und er strahlte und sagte: »Sie sehen bezaubernd aus«, und fragte, ob ich das braun-weiße Halstuch bei Harrods gekauft hätte. (Ich hatte es mir von meinem Cocktailkleid geborgt.)

Nachdem wir losgefahren waren, sagte er, wir würden Windsor Castle doch nicht besichtigen können, da »die Königin anwesend« sei, aber wir würden in Windsor selbst bei zwei älteren Schwestern auf einen Sherry vorbeischauen, er glaube, ich würde sie und ihr Haus entzückend finden.

Auf dem Weg nach Windsor kommt man an einem Heim für »ausgediente Pferde« vorbei. Die Besitzer besuchen sie sonntags und bringen ihnen mit Sahne gefülltes Gebäck.

In Windsor gibt es eine Menge beiläufiger Anachronismen. Die Schwestern haben ein Haus in einer Häuserzeile aus der Zeit von Queen Anne, in einer Straße aus dem siebzehnten Jahrhundert, und vor jedem Haus stand ein Auto, und auf jedem Dach ragte eine Antenne in den Himmel. P. B. parkte hinter dem Haus, beim Rosengarten, wo wir von der dominanten Schwester empfangen wurden; sie schnitt eine rosa Rose für mich ab, die ich im Knopfloch tragen sollte, und ging uns voran ins Haus und durch einen schmalen, altmodischen Flur ins Wohnzimmer, wo die schüchterne Schwester uns begrüßte. Die schüchterne Schwester schenkte uns Sherry ein, und beide erklärten P. B. unter großem Bedauern, dass ihr Geist verschwunden sei.

Der Geist lebte in dem Haus, als sie es vor zwanzig Jahren kauften, und blieb bei ihnen. Es war ein stiller Geist, und die meiste Zeit bemerkten sie ihn kaum. Aber er mochte es, wenn Leben im Haus war, er mochte von Menschen umgeben sein; und jedes Mal, wenn die Schwestern ihre Sachen packten, weil sie verreisen wollten, und Anstalten machten, das Haus zu verschließen, tobte der Geist vor Wut. Bilder fielen von den Wänden, Weingläser purzelten vom Buffet und zersprangen, Lampen stürzten zu Boden, Töpfe und Pfannen schepperten die ganze Nacht in der Küche herum. Die Turbulenzen dauerten so lange an, bis die Schwestern zu ihrer Reise aufbrachen. Zwanzig Jahre lang passierte das jedes Mal, wenn sie während der Saison nach London fuhren oder wenn sie aufs Land oder ins Ausland reisten. Dieses Jahr, als die Schwestern eine Reise planten und ihre Sachen zu packen begannen, blieb es zum ersten Mal ruhig im Haus. Die Bilder und die Weingläser und die Lampen blieben an ihrem Platz, in der Küche regte sich nichts, der Geist war verschwunden. Die Schwestern waren ziemlich betrübt darüber, sie hatten ihn mit der Zeit lieb gewonnen.

Eine der Schwestern ging mit mir in das Badezimmer oben im Haus. Sie kommen hier hoch, um nachzusehen, ob die Königin eingetroffen ist. Aus dem Badezimmerfenster kann man nämlich den Fahnenmast vom Schloss sehen. Wenn die Königin da ist, ist die Fahne gehisst.

Sie entschuldigten sich dafür, dass sie keinen Lunch für uns vorbereitet hatten, aber sie wollten Philip beim Polospiel zusehen.

P. B. und ich machten auf dem Rasen vor dem Schloss ein Picknick. Er (oder seine Haushälterin) hatte einen Korb mit drei Sorten Sandwiches, einer Thermoskanne mit Eistee sowie Pfirsichen und Keksen gepackt – und Pfefferminzplätzchen, oh, ich liebe ihn, alles, was er macht, hat eine edwardische Eleganz. Wie zum Beispiel der Porzellanaschenbecher, den er auf dem Armaturenbrett seines Autos stehen hat, offensichtlich sagt ihm der eingebaute Blechaschenbecher nicht zu.

Es gibt eine Fußgängerbrücke, die Windsor und Eton miteinander verbindet. P. B. trug seine Eton-Krawatte, und der Torwärter sagte, als er uns sah: »Sie sind ein ehemaliger Schüler, Sir!«, und ließ uns in Räume hinein, die Touristen üblicherweise nicht betreten dürfen.

Wenn man in den Staaten geboren ist und keine College-Ausbildung genossen hat, steht man voller Ehrfurcht vor dieser Schule, in der Jungen seit Jahrhunderten Griechisch und Latein lernen, Sprachen, die sie dann als Teenager fließend lesen und schreiben können. P. B. zeigte mir das älteste Klassenzimmer, es ist fünfhundert Jahre alt, und forderte mich auf, an einem der Pulte Platz zu nehmen. Sie sind aus dunkler Eiche, über und über bedeckt mit Initialen, die die Jungen mit ihren Taschenmessern dort eingeritzt haben. Die Initialen von Jungen aus fünf Jahrhunderten, ein ziemlich beeindruckender Anblick!

Wir gingen in die Kapelle, wo die älteren Jungen Andacht halten, am Ende einer jeden Bank hängt eine Namensliste, so dass die Anwesenheit der Jungen von einem Aufsichtführenden vermerkt werden kann. Wir lesen die Namen auf einer der Listen – »Harris Major. Harris Minor. Harris Tertius« –, in Eton macht man nichts auf Englisch, wenn man es auch auf Latein machen kann.

In die holzgetäfelten Wände vor den Klassenzimmern sind, ähnlich wie auf den Tischen, ebenfalls dicht an dicht Namen eingeritzt. P. B. erzählte mir, dass die Jungen, die ihren Abschluss machen, ein paar Shilling an das College bezahlen, damit ihr Name in die Täfelung geritzt wird. Wir haben William Pitts Namen gesehen und den von Shelley (und P. B. zeigte mir seinen). Man könnte einen Monat damit zubringen, an den Wänden entlangzukriechen und die Namen zu lesen.

Herzzerreißende Gedenktafeln für die gefallenen Eton-Schüler. Eine Familie hat im Ersten Weltkrieg acht Männer verloren, sieben davon zwischen zwanzig und dreißig. Die Grenfells (die Familie von Joyce Grenfells Ehemann) hat den Großvater, den Vater und einen Sohn verloren – und sechs Männer im Burenkrieg zwölf Jahre davor.

Wir gingen nach draußen und sahen die Sportplätze, auf denen all diese Kriege angeblich gewonnen wurden. Einige Jungen spielten Cricket, andere schlenderten vorbei und schwangen ihre Tennisschläger. Samstags dürfen die Jungen gewöhnliche Sportsachen anziehen, aber wir sahen auch etliche in der Eton-Uniform: schwarzer Schwalbenschwanz, weißes Hemd, gestreifte Hosen. P. B. sagt, Zylinder würden nur noch zu besonders feierlichen Anlässen getragen. (Die Zylinder haben die Eton-Schüler vor Ärger bewahrt. Wenn einer der Jungen in einen Pub oder einen verbotenen Film gehen wollte, konnte der Geschäftsführer ihn daran selbst aus der Ferne erkennen und rauswerfen.)

Die Gesichter der Jungen sind unglaublich sauber, wie in Stein gemeißelt, und schön. Und die Schwalbenschwänze – die in den vierziger und fünfziger Jahren irgendwie fehl am Platz gewirkt haben müssen – passen jetzt wunderbar zu dem längeren Haar, das die Jungen derzeit tragen. Mit ihren edlen Gesichtern, den langen, glänzend gebürsteten Haaren und den perfekt geschnittenen Schwalbenschwänzen sahen sie aus wie sagenhafte Prinzen aus der edwardischen Zeit.

Um vier fuhren wir nach London zurück; P. B. wollte mir Marlborough House zeigen, und das schließt um fünf, doch zuerst mussten wir bei seiner Wohnung vorbeifahren, um seinen Brief zu holen. Der Brief öffnet einem im Marlborough House spezielle Türen, so wie die Eton-Krawatte in Eton. Er ist auf Briefpapier mit dem Briefkopf vom Marlborough House geschrieben, das Datum lautet 1948, er beginnt mit »Lieber Cousin Buckly«, und ist unterschrieben mit »George R.«. (Für die uneingeweihten Bürger der klassenlosen amerikanischen Gesellschaft sei erwähnt, dass R für Rex, also König, steht. George R. heißt also George VI.) Ich habe den Brief nicht gelesen, ich glaube, es ist eine Erlaubnis, jederzeit Besucher im Marlborough House herumzuführen.

Wir fuhren zum Marlborough House, konnten es aber nicht besichtigen, da es, wie der Wächter erklärte, zum Reinemachen geschlossen sei. Die Royal Chapel sei offen, und P. B. sagte, ich solle am Sonntag dort zum Gottesdienst gehen. Er sagte, sie sei nie voll oder von Touristen umlagert, weil nur wenige Menschen wüssten, dass die Kapelle der Öffentlichkeit zugänglich sei. Königin Mary hat dort geheiratet, und aus Zuneigung zu ihr und zu Pope-Hennessy habe ich beschlossen hinzugehen.

Später

Laura Davidson aus Oxford hat gerade angerufen. Sie hatte mir einen Fan-Brief geschrieben und erzählt, dass ihr Mann, der Professor in Swarthmore ist, für ein Jahr eine Gastprofessur in Balliol habe. Sie und ihr fünfzehnjähriger Sohn seien begeisterte Leser meines Buches und möchten, dass ich nach Oxford komme. Ich hatte zurückgeschrieben und ihr mitgeteilt, wann ich in London sein würde, und sie hat sogar eine Reise nach Paris verschoben, nur damit sie in Oxford ist, wenn ich komme. Als ich ans Telefon ging und mich meldete, sagte sie:

»Hallo, hier ist Laura Davidson, wie geht es Ihnen, wann kommen Sie nach Oxford? Mein Sohn ist so gespannt, dass er es kaum noch aushält.«

Wir einigten uns auf den nächsten Freitag. Sie sagte, es fahre fast stündlich ein Zug, ich solle einfach anrufen und durchgeben, mit welchem Zug ich kommen würde, und sie würde mich abholen. Sie halte das Buch in der Hand, daran könne ich sie erkennen.

Schon wenn ich zu Hause bin und gesund, stelle ich mich ganz furchtbar an, wenn es ums Reisen geht, und die Aussicht auf fremde Bahnhöfe und eine Zugreise in diesem Land macht mich ganz krank, aber Oxford muss ich sehen. Es gibt im Trinity College eine Suite von Studentenzimmern, wo John Donne, John Henry Newman und Arthur Quiller-Couch zu unterschiedlichen Zeiten gewohnt haben. Was ich über das Schreiben in englischer Sprache weiß, haben diese drei mir beigebracht, und bevor ich sterbe, möchte ich in ihren Studentenzimmern stehen und ihre Namen segnen.

Von Q (Quiller-Couch) habe ich meine ganze höhere Schulbildung. Als ich siebzehn war, ging ich eines Tages zur öffentlichen Bibliothek auf der Suche nach Büchern über die Kunst des Schreibens und fand fünf Bücher mit Vorlesungen, die Q in Cambridge vor seinen Studenten über das Schreiben gehalten hatte.

»Das ist genau das, was ich gesucht habe!«, sagte ich und gratulierte mir. Ich eilte mit dem ersten Band nach Hause, fing an zu lesen, kam bis Seite 3 und stieß auf ein Problem:

Q hielt seine Vorlesung vor jungen Männern, die in Eton und Harrow zur Schule gegangen waren. Folglich nahm er an, dass seine Studenten – mich eingeschlossen – natürlich *Das verlorene Paradies* von Milton gelesen hatten und die »Beschwörung des Lichts« in Buch 9 verstehen würden. Ich sagte also: »Moment mal«, ging wieder in die Bibliothek, holte mir *Das verlorene Paradies*, nahm es mit nach Hause, fing an zu lesen, kam bis Seite 3, als ich auf ein Problem stieß:

Milton ging davon aus, dass ich das Buch Jesaja in der christlichen Version des Alten Testaments und das Neue Testament gelesen hatte und dass ich über Luzifer und den Krieg der Erzengel Bescheid wusste, und da ich im jüdischen Glauben erzogen war, wusste ich darüber nichts. Ich sagte also: »Moment mal«, und borgte mir eine Bibel und las über Luzifer und all das, dann nahm ich wieder Milton zur Hand und las *Das verlorene Paradies*, und schließlich kam ich wieder zu Q und las auf Seite 3 weiter. Auf Seite 4 oder 5 bemerkte ich, dass das wichtigste Wort in dem Satz oben auf der Seite lateinisch war und das lange Zitat am Ende der Seite griechisch. Also suchte ich per Annonce im *Saturday Review* jemanden, der mir Latein und Griechisch beibringen konnte, und in der Zwischenzeit las ich Q weiter und entdeckte, dass er nicht nur annahm, ich hätte alle Stücke Shakespeares und Boswells *Dr. Samuel Johnsons Leben und Meinungen* gelesen, sondern auch das Zweite Buch Esdras, das weder im Alten Testament noch im Neuen zu finden ist, sondern in den Apokryphen, einer Sammlung von Schriften, von deren Existenz mir nie jemand erzählt hatte.

So führte das eine zum anderen, und nachdem ich durchschnittlich dreimal pro Woche »Moment mal« gesagt hatte, brauchte ich elf Jahre, um alle fünf Bände von Qs Vorlesungen durchzulesen.

Q machte mich auch mit John Henry Newman bekannt, der am Oriel College in Oxford unterrichtet hatte, und wenn ich Trinity zu Ende besichtigt habe, dann gehe ich zum Oriel College und setze mich in John Henrys Kapelle und erkläre ihm, dass ich zwar immer noch eine Menge von dem, was er schreibt, nicht verstehe, dass ich aber viele Seiten aus der *Apologia* auswendig kann und eine Erstausgabe von *Vom Wesen der Universität* mein Eigen nenne.

Sonntag, 27. Juni

P. B. hat Recht, die Royal Chapel vom Marlborough House ist keine Touristenattraktion, und nur wenige Menschen wissen, dass sie für die Öffentlichkeit geöffnet ist. Wenn sie geöffnet ist.

Ich wählte meine Garderobe sehr sorgfältig und ging heute Morgen dorthin. Nur ein kleines Grüppchen von Menschen war in der Kirche. Sie alle besuchen offensichtlich jeden Sonntag den Gottesdienst, sie alle kennen sich offensichtlich, und alle haben während der Dauer des Gottesdiensts versucht herauszubekommen, wer ich bin. Aus dem Geflüster und den Blicken aus den Augenwinkeln konnte ich mir die Gespräche zusammenreimen:

»Meine Liebe, dreh dich jetzt nicht um...«

»...da hinten, am Ende der Reihe, ein paar Reihen hinter...«

Psspsspss.

Eine kantige alte Dame setzte sich ihre Brille auf, damit sie mich eingehend betrachten konnte. Dann wandte sie sich an ihre hagere Banknachbarin und schüttelte den Kopf in einem eindeutigen »Nein!«. Die hagere Dame wollte sich ihre Meinung nicht ausreden lassen. Sie blickte mich unverwandt an und lächelte zaghaft, so wie man lächelt, wenn man jemanden erkennt, ihn aber nicht einordnen kann. Ich machte den Fehler, das Lächeln zu erwidern, und von dem Moment an ließen die beiden mich nicht mehr aus den Augen.

Ich war auch die Einzige mit einer Schultertasche, falls ich das überhaupt noch erwähnen muss.

Am Schluss des Gottesdienstes war ich die Erste, die aufstand und den Mittelgang entlang nach draußen strebte.

Musste zum Hotel zurück, um etwas zu essen zu bekommen, hier ist am Sonntag NICHTS geöffnet, man könnte glatt verhungern.

Nachmittags

Ich liege unter einem Baum im St. James's Park. Es gibt drei Parks, die alle miteinander verbunden sind: St. James's Park, Green Park, beide klein, und der große Hyde Park.

Alle Parks hier sind sehr heiter, sehr lieblich. Junge Paare schlendern Arm in Arm vorüber, sie sind leise, haben keine Transistorradios oder Gitarren dabei. Familien sitzen friedlich auf dem Rasen und machen Picknick. Hunde laufen, an der Leine geführt, vorbei, ebenfalls ganz friedlich, und gucken weder rechts noch links, mit einer Ausnahme: Eine Frau führte einen kleinen grauen Pudel an der Leine, und ich sagte dem Pudel hallo; der kam auf mich zu, erfreut, einer freundlich gesinnten Seele zu begegnen, aber die Frau zerrte ihn zurück.

»Bitte lassen Sie das!«, sagte sie in scharfem Ton zu mir. »Ich versuche ihm Manieren beizubringen.«

Ich dachte: »Schade, dass er Ihnen keine beibringen kann«, und musste plötzlich an die Sonntagnachmittage auf dem Dog Hill denken und fragte mich, wie es wohl allen dort geht.

Eines Abends haben wir dort ein Picknick veranstaltet – Dick, der im gleichen Haus wohnt wie ich und einen Bobtail hat, meine Freundin Nikki und ich. Ich hatte ein paar Scheiben kalten Truthahn für die Sandwiches besorgt und machte einen Curry-Eiersalat, Dick bereitete eine Thermoskanne mit Bloody Mary vor, und wir gingen mit Chester, dem Bobtail, zu dem Hügel im Park. Nikki kam direkt aus dem Büro und stieß zu uns. Man muss verrückt sein, wenn man auf dem Dog Hill ein Picknick machen möchte, aber Dick und ich wollten es unbedingt versuchen. Wir kamen erst um halb sieben dort an, und die meisten Hunde waren schon nach Hause gegangen.

Dog Hill ist ein breiter, sanft abfallender Hügel im Central Park und der größte Hundetreffpunkt der Welt. An einem normalen Nachmittag am Wochenende kann man dort vierzig bis fünfzig Hunde antreffen, die unangeleint herumtollen und sich mit Freunden treffen. (Man geht mit seinem Hund nur zum Dog Hill, wenn es ein weltoffener Hund ist, aber ich kenne keinen Hund in New York, der das nicht ist.) An einem guten Tag begegnet man dort allen möglichen Rassen, von Afghanen und norwegischen Elchhunden bis zu Chihuahuas und Lhasa Apsos, ganz abgesehen von den normalen Rassen. Die Hundebesitzer sitzen auf dem Rasen oder stehen herum wie Eltern bei einem Kindergeburtstag und achten darauf, dass es keinen Streit um einen Stock oder einen Ball gibt.

»George, wenn du nicht schön spielst, gehen wir nach Hause!«

»Mabel, lass ihn los! Hör auf damit, sag ich dir, lass ihn los!«

Man darf sich nicht auf dem Rasen ausstrecken und sich sonnen, denn wenn zwei dänische Doggen und ein Collie ein Wettrennen veranstalten, sehen sie nicht ein, dass sie um einen, der auf der Strecke liegt, einen Bogen machen sollen.

Dick und Nikki und ich ließen uns oben auf dem Hügel nieder, und Dick goss Bloody Mary für uns in die Pappbecher. Ein paar Hunde spielten weiter unten, und normalerweise hätte sich Chester, der Bobtail, ihnen angeschlossen. Aber er hatte schon auf dem Weg in den Park fortwährend an dem Picknickkorb geschnuppert, deswegen streunte er nur ein wenig herum, beschnüffelte die anderen Hunde und kam zu uns zurück, in der Absicht, nicht von der Stelle zu weichen, bis es Essenszeit war.

Ich hatte Verständnis dafür, und als ich die Sandwiches auspackte, gab ich Chester eine Scheibe kalten Truthahn von meinem Sandwich. Mehr war nicht nötig. Binnen fünf Sekunden hatte sich ein Halbkreis von Hunden vor mir gebildet: Sämtliche Hunde, die noch auf dem Hügel waren, hatten sich zu dem Picknick eingefunden.

Zwei Bassets-Brüder namens Sam und Sid, Romulus, eine dänische Dogge, ein mir nicht bekannter Beagle und eine sehr schüchterne junge deutsche Schäferhündin namens Helga – sie alle standen reglos da, die Augen auf mich und mein Ttruthahn-Sandwich geheftet. Dem Beagle lief der Speichel.

Ich hatte noch ein Sandwich in Reserve, also überließ ich das, von dem ich schon abgebissen hatte, den Hunden und gab ihnen allen eine Scheibe kalten Truthahn. (Helga war sehr nervös, sie war begierig, vorzutreten und ihr Stück Truthahn in Empfang zu nehmen, aber wie sollte sie wissen, dass ich sie nicht beißen würde?)

Chester, der Bobtail, fand, dass er zu viel Konkurrenz bekommen hatte, und trottete davon, um Nikkis Sandwich einen Besuch abzustatten. Und als ich gerade den Rest von dem Truthahn an die letzten Hunde verfütterte, machte Nikki ein großes Trara, weil Chester einen Schluck von ihrer Bloody Mary genommen hatte. Dick rief: »Chester, Platz!« Und Chester, der zeigen wollte, wie gut erzogen er war, setzte sich auf Nikkis Eiersalat. Worauf Nikki ausrastete. (Sie ist jung und hübsch, und sie war ein Jahr auf der London School of Economics, aber sie mag Katzen lieber.) Ich drehte mich um und rief Chester zu mir, um ihn von ihr wegzulocken – und

kaum hatte ich den anderen Hunden den Rücken zuge-
wandt, schnappte sich der Beagle (ich glaube, er heißt
Morton) das Reserve-Sandwich und rannte damit den
Hügel runter.

Seine Herrin kam zu mir, entschuldigte und bedank-
te sich; sie sagte, er esse nur Geflügel und jetzt brauchte
sie nicht für ihn zu kochen, wenn sie nach Hause kämen.

Wir gingen durch den Park zu dem Eingang an der
Zweiundsiebzigsten, kamen an einem Baseball-Spiel
vorbei und einer Marimba-Band, die sich spontan zu-
sammengefunden hatte und sich gegen das Rockkon-
zert durchzusetzen versuchte, das von der Neunund-
fünfzigsten heraufschallte.

Während ich in dem friedlichen St. James's Park lag,
wurde mir bewusst, wie sehr die Parks einer Stadt das
Wesen ihrer Bewohner widerspiegeln. Die Parks in London sind ruhig, still, ein bisschen zugeknöpft, und ich
liebe sie. Aber auf lange Sicht würde ich die lärmende
Überschwänglichkeit des Central Park bitter vermissen.

9 Uhr abends

Der Colonel rief an, er ist zurück. Er fragte, welchen
Teil der schönen englischen Landschaft ich am liebsten
sehen wolle? Ich sagte, ich hätte vor, am Freitag nach
Oxford zu fahren, und wäre sehr froh, wenn er die
Fahrt mit mir machen würde.

»Aber ja!«, dröhnte er. »Da weiß ich noch etwas viel Besseres, meine Teure! Wenn Sie am Donnerstag Zeit haben, dann können wir durch die Cotswolds fahren und abends rechtzeitig zum Essen und fürs Theater in Stratford sein, und am nächsten Morgen fahren wir dann nach Oxford und besuchen Ihre Freunde!«

Ich war ganz aufgeregt, und das überraschte mich. Geburtsstätten üben keine besondere Anziehung auf mich aus, für mich ist Shakespeare im Globe Theatre zur Welt gekommen. Aber als er sagte, er würde mit mir nach Stratford-upon-Avon fahren, musste ich einfach begeistert aufschreien, ob ich wollte oder nicht.

Als ich ihn fragte, ob er mir ein Geschäft empfehlen könne, wo ich eine billige Reisetasche bekäme, sagte er:

»Unsinn, ich schicke Ihnen eine hübsche BOAC-Tasche ins Hotel.«

Ich muss schon sagen, man könnte sich daran gewöhnen, an dieses Leben als Ersatz-Herzogin, wo die Menschen einem die Dinge bringen, die man sich wünscht, bevor man überhaupt Zeit hat, sie sich zu wünschen. Sollte dieses Leben länger als einen Monat andauerten, würde es mein moralisches Rückgrat zerstören.

Montag, 28. Juni

Ich hatte Leo Marks eine Nummer bei seinem Antwortdienst hinterlassen, und heute Morgen hat er zurückgerufen. Er hat einen wunderschönen Oxford-Bariton. (Oder Cambridge, ich weiß nicht, wie sie sich unterscheiden.) Er und seine Frau holen mich morgen Abend um sieben zum Abendessen ab.

Heute Abend Essen und *Ein Sommernachtstraum* mit den Grenfells, also trug ich heute Morgen mein Cocktailkleid nach unten und sagte zu dem jungen Mann an der Rezeption:

»Können Sie das Kleid bitte bis fünf Uhr heute Nachmittag bügeln lassen?«

»Soll es gereinigt oder gewaschen werden?«, fragte er.

»Weder noch, nur gebügelt«, sagte ich.

Er sah mich verständnislos an.

»Möchten Sie, dass ich es zur Reinigung schicke?«, wiederholte er und sprach jedes einzelne Wort so deutlich aus, als ob ich Russin oder taub wäre. »Oder soll ich es zur Wäscherei schicken?«

»Es soll weder gereinigt *noch* gewaschen werden«, sagte ich und betonte jedes Wort so deutlich, als ob *er* Russe oder taub wäre, »ich möchte nur, dass es gebügelt wird. Es ist *zerknittert*.«

Das schien ihm die Sprache zu verschlagen. Er sah mich einen Moment lang an. Dann sammelte er sich und murmelte: »'tschuldigung«, und verschwand, um sich im Büro Rat zu holen. In kürzester Zeit war er wieder da.

»Wenn Sie in das Zimmer 315 gehen und mit der Haushälterin sprechen wollen«, sagte er, »vielleicht kann die Ihnen helfen.«

Ich ging nach oben und klopfte an das Zimmer Nummer 315 und erklärte der mütterlich wirkenden Haushälterin mein Problem. Sie nickte verständnisvoll und sagte: »Kommen Sie mal mit, meine Liebe«, und dann führte sie mich den Flur entlang und öffnete eine Tür zu einem kleinen, dunklen Verlies mit einem Bügelbrett und einem uralten, monströsen Bügeleisen in der Ecke.

»Sie können es gleich hier bügeln«, sagte sie. »Aber passen Sie mit dem Bügeleisen auf, das Kabel ist ein bisschen zerfranst.«

Inzwischen war ich selbst auch ein wenig zerfranst. Das Kleid ist aus Seide, und das Bügeleisen war mir unvertraut und sah nicht sehr freundlich aus. Ich nahm das Kleid wieder nach unten und sagte dem jungen Mann, er möge es in die Reinigung geben, und er schien sehr erleichtert. Das hat man nun davon, wenn man in einer bügelfreien Welt allergisch gegen Kleider aus Chemiefasern ist.

Ich verirrte mich auf dem Weg zum Waldorf, ging zwei Blöcke zu weit, hastete zurück und kam zehn Minuten zu spät in die Halle – Joyce Grenfell musste die

Tür die ganze Zeit im Blick gehabt haben, sie kam auf mich zu und sah haargenau so aus wie auf der Leinwand.

Sie führte mich in den Speisesaal und stellte mich ihrem Mann – »ReGEE!«, wie sie ihn meistens nennt – und ihren australischen Freunden vor, die Sir Charles und Lady Fitts heißen, er ist ein berühmter Arzt. Ich setzte mich und war plötzlich ganz ergriffen von dem Gedanken, dass diese vier erlauchten Personen den Wunsch hatten, *mich* zu sehen. Ich muss schon sagen, das Leben ist außerordentlich. Vor ein paar Jahren konnte ich nichts schreiben und nichts verkaufen, ich war aus dem Alter heraus, in dem man sicher sein kann, dass man die Früchte seiner Arbeit ernten wird, ich hatte meine Chance gehabt und mein Bestes gegeben und nichts erreicht. Wie sollte ich auch wissen, dass um die Ecke, am Ende meiner reifen Jugend, ein Wunder darauf wartete, sich zu ereignen? Mein Buch *84, Charing Cross Road* war keineswegs ein Bestseller; es hat mich weder reich noch berühmt gemacht. Aber es hat mir Hunderte von Briefen und Anrufen von Menschen eingetragen, von denen ich keine Ahnung hatte; es hat mir wunderbare Besprechungen gebracht; es hat mir mein Selbstbewusstsein und meine Selbstachtung wiedergegeben, die ich unterwegs, vor weiß Gott wie vielen Jahren, verloren hatte. Es hat mich nach England gebracht. Es hat mein Leben verändert.

Die Grenfells hatten Freikarten für sich und die Australier, und als Joyce las, dass ich in London war, lud sie mich ein – obwohl das bedeutete, dass Reggie seinen Platz an mich abtreten und im ersten Rang sitzen musste; ich war entsetzt.

Was für eine Erfahrung, mit einer berühmten Bühnenschauspielerin den Gang im Theater entlangzugehen! Alle Zuschauerblicke folgten ihr, und als wir uns setzten, spürte man förmlich, wie sich überall die Hälse reckten.

Peter Brooks Inszenierung war im ersten Moment ein Schock, halb Theater, halb lärmender Zirkus. Mrs. G. war auf der Stelle wie verzaubert; ich war besorgt, dass Puck von seinen Stelzen stürzen oder die Teller, mit denen er jonglierte, fallen lassen würde. Mitten im zweiten Akt packte es mich plötzlich, und ich dachte: »Ich mag es nicht, aber ich liebe es.« Es ist wahnsinnig stimulierend, Shakespeare auf diese Weise auf der ganzen Bühne explodieren zu sehen.

Nachdem sie sich von den Australiern verabschiedet hatten, fuhren sie mich nach Hause. Joyce fuhr, weil es ein neues Auto war und Reggie wollte, dass sie sich an das Fahrgefühl gewöhnte.

Bloomsbury brachte sie förmlich zur Verzweiflung. Das Einbahnstraßen-System treibt die Autofahrer zum Wahnsinn, denn man muss unfreiwillig fünf Querstraßen weiter fahren, bis man eine findet, die in die richtige Richtung geht. Und sie wollte mich *nicht* an der Shaftesbury Avenue, also an der falschen Ecke der Great Russell Street, aussteigen lassen, sie wollte mich *nicht* um die Ecke in der Bloomsbury Street aussteigen lassen, der Hoteleingang war in der Great Russell Street, und dahin würde sie mich *weiß Gott* auch bringen. Und nachdem sie eine halbe Stunde lang im Zickzack in nördlicher und in südlicher Richtung herumgekurvt war, erreichte sie triumphierend ihr Ziel und nahm meine Gratulationen mit Anmut entgegen.

Sie sagte, sie führen in die Ferien, würden aber am 13. Juli zurück sein, zu ihrem Kirchengespräch. Jeden Monat veranstaltet sie ein Kirchengespräch mit einem Pfarrer – über »Das Wesen der Liebe« oder »Das Wesen der Schönheit« und so weiter – bei einem Mittagsgottesdienst in der St. Mary LeBeau's Church an der Cheapside. Sie sagte, ich könne doch zu dem Gespräch am 13. Juli kommen und mit ihnen zu Abend essen, und dann würden sie mit mir eine Besichtigungsfahrt machen. Ich sagte, ich sei mir nicht sicher, ob ich am dreizehnten noch da sei, hoffte aber, meine Mittel bis zum fünfzehnten strecken zu können.

Im zweiten Akt hatte mich die Erkältung eingeholt. Ich fing an zu husten und wäre fast erstickt, weil ich ihn zu unterdrücken versuchte. Ich beugte mich zu Joyce und murmelte entschuldigend:

»Ich kämpfe schon die ganze Woche gegen eine Erkältung an.«

Sie dachte einen Moment darüber nach, dann beugte sie sich zu mir und sagte:

»Ach, lassen Sie sie doch raus.«

Also lasse ich sie jetzt raus. Ich sitze im Bett und huste und schniefe, und selbst das macht mich nicht depressiv. Anscheinend lebe ich in einem Zustand tiefer Hypnose, und jedes Mal, wenn ich eine Postkarte abschicke, könnte ich Euphorie als Absender angeben.

Dienstag, 29. Juni

Ich sitze im Speisesaal, trinke meine vierte oder fünfte Tasse Kaffee und fühle mich so, wie man sich immer am ersten Morgen einer ausgewachsenen Erkältung fühlt. Ich wollte schon Leo Marks anrufen und das Abendessen absagen, aber wenn ich den ganzen Tag im Hotel bleibe, will ich abends bestimmt ausgehen, also lasse ich es bei der Verabredung, und ich werde mir Mühe geben, den Gastgebern nicht ins Gesicht zu husten.

Allmählich leert sich der Speiseraum; morgens zwischen acht und neun ist er brechend voll, und die Kellner laufen sich die Hacken wund. Der Zimmerpreis des Hotels schließt ein »Englisches Frühstück« mit ein, und alle nehmen von allem: Obstsaft oder Cornflakes, Schinken mit Eiern, Toast und Orangenmarmelade, Tee oder Kaffee (und das Mädchen, das die Kaffeekanne bringt, fragt: »Schwarz oder weiß?«).

Zu den regelmäßigen Frühstücksgästen gehören immer ein paar britische Willie Lomans, die aus der Provinz geschäftlich in London sind, und eine Anzahl allein reisender Damen mittleren Alters aus den verschiedensten Regionen des U.K. (Sie sagen nie »Großbritannien«, sondern immer »U.K.«.) Mehrere blasse, spitznasige Professoren stopfen sich mit ausreichend

Kalorien voll, um einen Tag im British Museum durchstehen zu können; sie sehen so aus, als würden sie mittags nur Joghurt essen.

Heute Morgen: ein langer Tisch mit schottischen Matronen, die hier an einer Konferenz teilnehmen und von einem properen jungen Pfarrer begleitet werden. Die Damen beklagten sich, dass sie wegen des Lärms kein Auge zugetan hätten, die GANZE NACHT führen die vielen Autos durch die Straßen. Habe nie so ruhig geschlafen wie hier. Die Schottinnen sollten mal versuchen, sich an der Second Avenue zur Ruhe zu legen, wo die ersten Lastwagen morgens um drei durch die Straße rattern.

Viele russische und tschechische Familien sind hier, mit blonden, wohl erzogenen Kindern. Mehrere Gruppen von deutschen Touristen mittleren Alters, was es schlimmer macht. (Gegen die Jungen hat man nichts, die waren es ja nicht.) Die Touristengruppen frühstücken und haben immer die Uhr im Auge, sie haben sich alle zu einem Ausflug angemeldet, und die Busse fahren um Punkt neun vor dem Hotel ab. Um zwei Minuten vor neun entsteht eine hektische russisch-tschechisch-deutsche Betriebsamkeit, und ein umständlicher Exodus in Richtung Halle beginnt – wo die Tschechen wild gestikulierend vor Schildern stehen bleiben, die sie nicht verstehen, und der deutsche Gruppenleiter »Achtung!« und »Halt!« brüllt, damit sich alle anstellen. Die Russen suchen stur den richtigen Bus und steigen ein.

Die einzigen anderen Amerikanerinnen außer mir sind drei College-Mädchen aus Kalifornien, die heute zum ersten Mal zum Frühstück erschienen: blond, gebräunt und strahlend, unterhielten sie sich verunsichert darüber, ob ein »Englisches Frühstück« bedeute, dass man alles bestellen könne und es im Zimmerpreis inbegriffen sei. Ich bat die Kellnerin um mehr Kaffee, und als die drei meinen amerikanischen Akzent hörten, kam eine von ihnen an meinen Tisch und fragte, was man bestellen könne und ob man ein Trinkgeld geben müsse? Ich sagte, nein, die Geschäftsleitung schlage zwölf Prozent auf die Rechnung auf. An meinem ersten Tag war Alvaro entsetzt, als ich ihm ein Trinkgeld geben wollte: »Nein, nein!«, sagte er. »Dafür ist doch schon gesorgt!«

Werde mich mit den Zeitungen vom letzten Wochenende und den teuflischen Kreuzworträtseln auf mein Zimmer begeben und den Vormittag über »meine Krankheit pflegen«, wie meine Mutter immer sagte.

Vermischtes:

Aus der Abendzeitung vom Samstag:

50 PFUND BUSSGELD FÜR LEHRER WEGEN
SEXUELLER BELÄSTIGUNG VON MÄDCHEN
IN WIMBLEDON

»Ein vierundfünfzig Jahre alter Statistik-Dozent der London University . . . erschien heute vor Gericht, wo er sich wegen unzüchtigen Verhaltens bei den Tennis-Meisterschaften in Wimbledon verantworten musste.

Er wurde mit einer Geldstrafe von 50 Pfund be-

legt, nachdem er sich zu dem Vorwurf des unzüchtigen Verhaltens im Stehplatzbereich von
Court 1 schuldig bekannt hatte.
Der Dienst habende Wachtmeister Patrick Doyle
berichtete den Laienrichtern am Ortsgericht Wimbledon, dass (der Beklagte) einem achtzehnjähri-
gen Mädchen den Arm um die Schultern gelegt
und ihre Brüste berührt habe.
(Der Beklagte), ein verheirateter Mann, sagte:
›Mein gesunder Menschenverstand hat vorüber-
gehend ausgesetzt. Es ist lächerlich, dass ein
Mann in meiner Position sich zu so einem Verhal-
ten hinreißen lässt.‹
Ein Schiedsrichter in Wimbledon,..., 66 Jahre
alt, wurde ebenfalls der sexuellen Belästigung be-
schuldigt. Insgesamt wurden zehn Männer wegen
unzüchtigen Verhaltens dem Gericht vorgeführt.«

Der sechsundsechzigjährige Schiedsrichter hatte besonderes Glück, weil sein Bild in der Zeitung abge-
druckt wurde.
Und hier ist eine Stellenanzeige:
»BUCKINGHAM PALACE. Position im zentralen Ab-
waschbereich der Hauptküche zu vergeben, nur
weibliche Bewerber. Keine Unterkunft ... Bewer-
bungen schriftlich an den Master of the Household,
Buckingham Palace, London SW1.«
Wer würde nicht gern diese Stelle haben, nur für einen
Tag, um all den Klatsch und Tratsch zu hören?

11 Uhr abends

Leo Marks rief mich um sieben von der Rezeption aus an, und ich ging nach unten, in meinem Seidenkleid und passendem Mantel, mit roter Nase und tränenden Augen, und Leo, dunkelhaarig und gut aussehend, sagte:

»Freut mich, Sie kennen zu lernen, wie schön, dass Sie Zeit haben, mit uns auszugehen, jetzt gehen Sie wieder nach oben und holen sich einen warmen Mantel, es ist kalt und regnerisch.«

Ich ging nach oben, holte meinen alten blauen Mantel, ging nach unten und sagte:

»Sie haben die ganze Wirkung meines Kostüms zerstört.«

Und Ena – seine Frau, sehr klein und blond – sagte mit ernster Miene:

»Sie können den Mantel im Restaurant ausziehen, wir essen in einem Hotel, Sie können ihn schon in der Halle ausziehen!« Und sie musterte mich besorgt, um meine Reaktion zu sehen.

Sie müsste zart wirken, aber mitnichten, man spürt eine drahtige Stärke. Sie könnte eine kleine blonde Sportlerin sein, aber sie ist Porträtmalerin. Sie signiert ihre Bilder mit ihrem Mädchennamen: Ena Gaussen. Leo erzählte mir, dass sie Hayley Mills und Pamela Brown porträtiert hat und häufig lobend erwähnt wurde; sie sieht nicht alt genug dafür aus.

Sie gingen mit mir ins Stafford, sehr alt und elegant,

ein bisschen wie das Plaza, ich trank zwei Martini, um meine Nebenhöhlen gängiger zu machen, und entdeckte, dass Leo ein Gin-Trinker ist. Außerdem schreibt er fürs Fernsehen und für Filmstudios. Wir stellten fest, dass wir für denselben Fernsehproduzenten gearbeitet haben – nicht im gleichen Jahr und außerdem auf verschiedenen Kontinenten –, und wir fingen an, über die Arbeit zu sprechen. Ena machte das nichts aus, sie findet uns beide schrecklich witzig.

Er nennt sie »mein Kleines«.

»Nimmst du wieder den Hummer, mein Kleines?«

Er fragte mich, ob ich die Pianistin Eileen Joyce kenne, und erzählte: »Sie hat soeben den Titel der Dame of the British Empire verliehen bekommen, und jetzt möchte sie, dass mein Kleines sie in ihrem Hofstaat malt.«

Als es zu spät war, um ins Kino zu gehen, erzählte Ena mir, dass einer von Leos Filmen in einem Kino um die Ecke läuft; ich war sehr beeindruckt, ich war immer schon der Meinung, dass das Schreiben von Drehbüchern das Schwierigste für einen Autor ist.

»Nun erzählen Sie doch mal«, sagte Leo. »Sie haben ein so wunderbares Buch geschrieben. Warum haben wir nicht schon früher von Ihnen gehört? Woran hat es bisher gehapert? Waren Sie zu gut oder nicht gut genug?«

»Nicht gut genug«, sagte ich. Und er nickte und ging zu einem anderen Thema über, und ich glaube, in dem Moment wurden wir zu Seelenverwandten.

Es war ein wunderbarer Abend. Ich würde sie gern wiedersehen, aber ich habe nicht den Mut, sie anzurufen und das anzuregen. Als wichtige ausländische Besucherin hat man gewisse Höflichkeitsregeln zu beachten.

Hust-hust-hust.

Mittwoch, 30. Juni

Wenn man eine berühmte Persönlichkeit ist, wird man dreimal während des Frühstücks zum Telefon geholt, und nach dem ersten Anruf sind die Eier kalt, nach dem zweiten Anruf sind sie WEG, und beim dritten Mal nimmt man den neuen Teller mit Eiern mit in die Telefonkabine.

Joyce Grenfell rief an, um sich nach meinem Husten zu erkundigen und um zu sagen, ich möge doch bitte am dreizehnten da sein. Ich sagte, ich würde mir Mühe geben. Die Telefonistin hatte ihre Stimme erkannt und das Gespräch nicht in die Kabine durchgestellt, ich habe an der Rezeption telefoniert, und der Kassierer und sie bogen sich vor Lachen, als ich ihnen den Hörer entgegenhielt und sie hören konnten, wie Joyce »ReGEE!« rief, als sie ihn etwas fragen wollte.

Nora rief an, hörte meine verschnupfte Stimme und fragte, ob ich nicht zu ihnen nach Nord-London kommen und mich von ihr pflegen lassen wolle. Das fehlte gerade noch; seit Franks Tod hat sie eine Vollzeitstelle.

Der Colonel rief an und sagte, die BOAC-Tasche werde mir »im Laufe des Vormittags geschickt« und er werde mich morgen um zehn für den Ausflug nach Oxford und Stratford abholen.

Nach dem Frühstück ging ich in einen Laden auf der anderen Straßenseite, um Taschentücher und Husten- tropfen zu kaufen. Auf der dem Hotel gegenüberliegen- den Straßenseite gibt es eine Ladenzeile: ein Schreib- warengeschäft, eine Kosmetikhandlung, eine Kino- Buchhandlung und ein indisches Lebensmittelge- schäft, das auch Naturkostwaren anbietet. Außerdem gibt es dort ein großes Frauen-Wohnheim des YWCA und einen Obststand. Ich blieb vor dem Obststand ste- hen, um Pfirsiche zu kaufen, und während ich auf das Wechselgeld wartete, fiel mein Blick auf eine Anzeigen- tafel in einem Glaskasten vor dem Schreibwarenge- schäft. Steckte das Wechselgeld ein und ging hinüber, um die Anzeigen zu lesen. Auf den ersten Blick scheint es sich um Verkaufs- und Stellenangebote zu handeln, aber es dauert nicht lange, bis man bemerkt, dass man sich geirrt hat. Für diejenigen, die reinen Herzens sind, sind jedoch alle Anzeigentafeln rein wie diese (die Liste der Anzeigen ist vollständig):

Hot Pants zu verkaufen. Telefon

*

Ex-Schauspielerin erteilt Unterricht.
Französisch und anderes. Telefon

*

Männliches Fotomodell. Alle Dienstleistungen.
TV, Photog, Gummi, Leder. Disziplinarmaßnahmen.
Telefon

*

Model wünscht ungewöhnliche Position.
Miss Coucher.
Telefon

*

Neue, hübsche blonde Puppe zum Verkauf.
Kann laufen und sprechen. Telefon

*

Tom Tamer erteilt strengen Unterricht in Betragen.
Telefon

*

Französin. Ehemalige Gouvernante, große Erfahrung.
Wünscht neue Schüler. Männlich und weiblich.
Telefon

*

Drei Rucksäcke gesucht. Guter Zustand. Preiswert.
Bitte melden im YMCA, Great Russell Street.

7 Uhr abends

Um halb sechs kreuzte Ena auf, sie hatte eine braune
Tüte mit Zitronen, Honig und Limonensaft gegen meinen Husten dabei. Sie sagte, sie habe den ganzen Morgen den dringenden Wunsch verspürt, mich anzurufen, habe sich aber nicht getraut; ich sagte, wir seien
wohl beide zu verklemmt. Sie möchte, dass ich morgen
zu ihnen zum Abendessen komme. Ich erklärte, dass
ich nach Stratford führe, aber am Freitag wieder zurück
sei, und sie sah mich enttäuscht an.

»Am Freitag fahren wir aufs Land und kommen erst am zehnten zurück!«

»Ist doch nicht so schlimm«, sagte ich. »Ich bin fest entschlossen, mein Geld bis zum fünfzehnten zu strecken.«

Sie war bekümmert.

»Sie können noch nicht fahren! Wir haben Sie gerade erst kennen gelernt! Ich habe eine Idee: Wenn Ihnen das Geld ausgeht, warum fahren Sie dann nicht in unser Landhaus und bleiben dort? Nach dem zehnten sind wir wieder weg, und Sie können den ganzen Sommer da bleiben – vorausgesetzt, es macht Ihnen nichts aus, dass wir an den Wochenenden kommen«, sagte sie und sah mich unsicher an. Die Leute hier verblüffen mich.

Sie ist gerade gegangen, trifft sich mit Leo bei seiner Mutter.

Die BOAC-Tasche ist eingetroffen, und ich habe den Colonel angerufen, um mich zu bedanken. Er riet mir, viel zu essen:

»Einer Erkältung muss man Nahrung geben. Wenn man den Bazillen keine Nahrung gibt, dann fressen sie einen auf.«

Gehe jetzt in den Speiseraum und gebe den Bazillen Nahrung.

Später

Ich hatte »Chicken Maryland« bestellt, was sich als panierte und gebratene Hühnerfleischscheibe herausstellte, die flach wie ein Kalbskotelett war, dazu gab es einen Streifen Bacon und eine fetthaltige Wurst. Das Dessert, »Coupe Jamaica«, bestellte ich nicht, wohl aber das Paar am Nebentisch: Es bestand aus einer langen, schmalen Waffel, die in einer Kugel Vanille-Eis steckte, die auf einer Scheibe Ananas aus der Dose lag. Wahrscheinlich würde die Nachspeise in Jamaika ebenso viel Verwirrung stiften wie das Huhn in Maryland. Aber jemand hat mir mal erzählt, dass es in Paris ein Restaurant gibt, das auf der Speisekarte »Pommes à la French Fries« führt.

Donnerstag, 1. Juli
Stratford
Mitternacht

Ich schreibe dies im Bett in einem luxuriösen Motel-
zimmer: Teppichboden, Sessel, Fernseher, Frisierkom-
mode und ein wunderschönes Badezimmer, fliederfar-
ben gefliest – so war das Leben im Kenilworth nie.

Ich muss schon sagen, mein Colonel ist bestimmt der
freundlichste, einfühlsamste Mensch der Welt. Wir
verließen London bei dem üblichen grauen Wetter, das
einem nach einer Weile ganz schön zusetzt; ich erzählte
ihm, dass ich mich nach Sonnenschein sehnte wie ein
Verdurstender nach Wasser. Wir fuhren in die Cotswolds, und am späten Vormittag klarte der Himmel auf,
und die Sonne kam für eine Weile hervor. In dem Moment, da sie durch die Wolken brach, hielt er am Straßenrand an, holte einen Liegestuhl aus dem Kofferraum
und stellte ihn mir auf dem Grünstreifen auf, damit ich
die Sonne genießen konnte, solange sie da war. Er erzählte mir, seine Frau sei »nach zwei Jahren der Hölle«
an Krebs gestorben; er muss sie die ganze Zeit über
wunderbar gepflegt haben.

Wir kamen nach Stoke Poges, wo, so erzählte er mir,
der Kirchhof aus Thomas Grays »Elegie, geschrieben

auf einem Dorfkirchhof« sei. Dieses Gedicht war das Lieblingsgedicht meiner Mutter, und ich hätte gern den Friedhof gesehen, aber wir hatten keine Zeit für einen Umweg.

Als wir weiterfuhren, erzählte er mir lang und breit die Geschichte von einer Witwe, die er kennt; sie hatte sich in einen Mann verliebt und war von ihm in sein Haus in Italien eingeladen worden, und als sie dort ankam, stellte sich heraus, dass sie kein eigenes Zimmer haben würde; der Mann hatte sich das so gedacht, dass sie das SCHLAFzimmer mit ihm teilen würde, verstehen Sie, und, also-ich-muss-schon-sagen, sagte der Colonel, sie war überHAUPT nicht eine von DENEN, und es war ein Schock, als sie merkte, dass der alte Schwerenöter nur DAS EINE im Sinn hatte. Ich überlegte, warum er mir die Geschichte erzählte, obwohl er gar nicht darin vorkam – und dann dämmerte es mir, dass er mir so auf taktvolle Weise zu verstehen gab, er erwarte nicht, dass wir in Stratford im selben Schlafzimmer schlafen würden. Das war mir nie in den Sinn gekommen, er ist viel zu altmodisch und zu konventionell, es hätte nicht zu ihm gepasst.

Er erzählte mir, dass er aus dem Verlag ausgeschieden sei, um seine Frau zu pflegen, und nachdem sie gestorben sei, habe er aus Jux die Stelle am Flughafen Heathrow angenommen.

»Wenn ich einen Mann mit seiner Frau und seiner erwachsenen Tochter irgendwo etwas verloren herumstehen sehe, dann gehe ich zu ihm und frage: ›Sir, welche Dame ist Ihre Frau?‹ Und dann strahlt er, und sie strahlt auch!« Und der Colonel lachte schallend.

»Wenn ich ein Paar mittleren Alters sehe, die ein bisschen missmutig aussehen, dann gehe ich zu ihnen und frage: ›Sind Sie auf Ihrer Hochzeitsreise?‹, und dann sollten Sie mal ihre Gesichter sehen! Sie wissen genau, dass ich einen Witz mache – manche merken das –, aber sie freuen sich trotzdem.

Wenn ich ein Kind weinen sehe – manche sind schnell müde und quengelig am Flughafen –, wenn ich also eins weinen sehe, dann gehe ich zu den Eltern und frage sie, wo ich ein nettes Mädchen finden könne, meins sei schon erwachsen. Und dann entdecke ich das weinende Kind und sage, nach genau so einem Kind hätte ich gesucht, und frage es, ob es gern mein kleines Mädchen sein möchte.« Er beendet jede seiner Geschichten mit einem schallenden Lachen, das aus tiefstem Herzen kam.

Die Cotswolds sind genau so, wie ich sie mir immer vorgestellt habe: eine grüne englische Landschaft, betüpfelt mit kleinen englischen Dörfern, die sich seit Königin Elizabeth I. nicht verändert zu haben scheinen. Zum Lunch gingen wir in einen Pub neben einer Dorfkirche, in der, so der Colonel, »Hampden die Revolution ausgerufen hat«. Ich traute mich nicht zu sagen, dass ich nicht wusste, wer Hampden war.

Stratford liegt hinter Oxford, und morgen fahren wir die gleiche Strecke zurück. Wir kamen an Straßenschildern vorbei, die nach Oxford verwiesen, und ich erzählte ihm von Great Tew. Vor Jahren schickte mir jemand eine Postkarte – ein Foto von fünf strohgedeckten, geduckten Häusern, die über einen Hügel verstreut lagen – und schrieb hinten drauf:

*Das ist Great Tew. Man findet es nicht auf der
Landkarte, man muss sich auf dem Weg nach Oxford
verfahren.*

Das Foto zeigte ein derartig idealisiertes Bild von einem englischen Dorf, dass ich nicht glauben konnte, es gäbe den Ort tatsächlich. Stundenlang habe ich diese Postkarte betrachtet. Habe sie Ewigkeiten aufgehoben und in mein Buch *Oxford English Verse* gesteckt.

»Na gut!«, sagte der Colonel der sich herausgefordert fühlte. »Wir müssen Great Tew eben finden und nachsehen, ob es noch so ist wie damals.«

Wir schlängelten uns kreuz und quer durch die Cotswolds und kamen schließlich an Schildern vorbei, die nach Tew und Little Tew zeigten, dann fuhren wir um eine Kurve, und da war Great Tew, und es sah genauso aus wie auf meiner Postkarte: fünf uralte Steinhäuser mit Strohdächern, die immer noch über den Hügel verstreut lagen. Der Colonel sagte, sie seien in der Zeit Henrys VIII. erbaut worden. Fünfhundert Jahre danach sind sie immer noch bewohnt: An den Fenstern hingen weiße Vorhänge, auf den Fensterbänken standen Blumenkästen, und in allen Vorgärten blühten die Rosen.

Der Colonel parkte das Auto – das einzige Auto weit und breit –, und wir stiegen aus. Weiter unten an der Straße stand noch ein anderes Haus, das zum Dorf gehörte, ein Gemischtwarenladen mit einer Poststelle. Wir gingen hinein. Drinnen war niemand außer der Frau, die den Laden betreibt, und draußen hatten wir keine Menschenseele gesehen.

Der Colonel kaufte ein Eis, und ich bekam auf meinen Wunsch nach einem Glas Milch eine Literflasche mit einem Strohhalm. Der Colonel erzählte der Inhaberin, ich sei »den ganzen Weg von New York« hergekommen und habe »speziell Great Tew sehen wollen«. Während sie sich unterhielten, umklammerte ich die Flasche und setzte meine ganze Energie daran, wenigstens einen Viertelliter zu trinken, damit die Frau nicht beleidigt wäre. Als ich das geschafft hatte, sah ich mich nach einem geeigneten Platz um, an dem ich die Flasche unauffällig abstellen könnte, und bemerkte, dass sich der Laden plötzlich gefüllt hatte: Männer mit Schirmmützen und Frauen in bedruckten Kleidern. Ich trat ihnen aus dem Weg, und sie gingen zur Theke und kauften Zeitungen und Zigaretten. Auch ein paar Kinder kamen rein und wurden von der Inhaberin sofort weggescheucht.

Der Colonel aß sein Eis auf, nahm mir die Flasche aus der Hand und trank den Dreiviertelliter aus, als wäre es ein Glas Wasser, und dann gingen wir.

»Nun!«, sagte er auf dem Weg zum Auto. »Wir haben ihnen Gesprächsstoff für den nächsten Monat geliefert! Ist Ihnen aufgefallen, dass das gesamte Dorf zusammengelaufen ist, um sich die Menschen aus dem All anzugucken? Kaum hatten sie mein Auto mit der Londoner Nummer gesehen, kamen sie herbeigeeilt. Und haben Sie gesehen, wie die Frau die Kinder rausgescheucht hat? Damit wollte sie Platz für all die Erwachsenen schaffen. Die sehen hier das ganze Jahr über keine Fremden. Und auch noch aus New York? Nie im Leben!«

Und wir waren nur wenige Autostunden von London entfernt!

Jeder, der schon einmal in Stratford war, hatte mich gewarnt, dass es eine kommerzielle Touristenfalle sei, ich war also vorbereitet. Das Erste, was wir bei der Einfahrt in die Stadt sahen, war eine riesige Plakatwand mit der Aufschrift: JUDITH SHAKESPEARE WIMPY HAMBURGER BAR, und der Colonel lief vor Wut violett an. Es macht aber gar nichts. Man sucht das Shakespeare-Haus, bezahlt den Eintritt und geht hinein – und allein dass man die Treppe hinaufsteigt und sich dabei an dem enormen Geländer festhält, allein dass man das Schlafzimmer betritt und die Wand berührt, dann nach unten geht und in der Küche steht, in der er sich als Heranwachsender tagtäglich aufgehalten hat, allein das hat zur Folge, dass jeder, dessen Muttersprache Englisch ist, weiche Knie bekommt.

In dem glänzenden neuen Theater haben wir *Viel Lärm um nichts* gesehen, sehr konventionell, nicht sehr gut gespielt. Der Colonel hat fast die ganze Zeit geschlafen, und ich kann es ihm nicht verübeln.

Jetzt werde ich mich in die fliederfarbene Badewanne legen; wir wollen morgen ganz früh in Richtung Oxford aufbrechen, und ich habe die Absicht, diesen vornehmen Palast bis aufs Äußerste auszukosten.

Freitag, 2. Juli

Ich habe Trinity College gesehen und bin durch den Hof gegangen, durch den John Donne gegangen ist; ich habe Oriel College gesehen und in John Henry Newmans Kapelle gesessen. Aber was ich durchmachen musste, bevor es so weit war, das glaubt mir keiner. Am Schluss hatte ich wohl einen Wutanfall. Ich hoffe, so war es.

Wir kamen kurz vor Mittag in Oxford an und fanden das Haus der Davidsons in einer typischen, von Bäumen beschatteten Straße einer Universitätsstadt. Laura erwartete uns schon. Sie sagte, der Professor sei in der Universität und Sohn David sitze in der Schule und zähle die Stunden, bis er mit uns Tee trinken könne.

Sie hat eine kehlige Stimme und einen hübschen, ungewöhnlichen Akzent; sie ist in Wien geboren und in England aufgewachsen. Sie und ihr Mann waren beide als Kinder aus Hitler-Deutschland geflohen.

Sie amüsierte sich prächtig über den Colonel, nannte ihn den »Commahnder« und sagte, er erinnere sie an Pu der Bär. Ich hatte das Problem, dass der Colonel und ich zu dem Zeitpunkt schon sechsunddreißig Stunden zusammen verbracht hatten und ich nicht dafür geschaffen bin, nicht einmal, wenn es der beste Freund der

Welt wäre, und das ist er nicht. Beim Lunch in einem Pub auf dem Campus erklärte er (ohne Aufforderung, ich glaube, Oxford hat ihn einfach dazu stimuliert):

»Das British Empire wird durch Volkes Wille wieder erstehen! Kürzlich sagte ein Ägypter zu mir: ›Warum sitzt ihr Engländer eigentlich so bescheiden zu Hause, wenn ihr überall auf der Welt gebraucht werdet?‹«

Aus irgendeinem Grund ärgerte mich das, und ich machte eine unfreundliche Bemerkung, worauf wir uns ein paar Minuten lang in den Haaren lagen, bis Laura wie eine Hausmutter dazwischentrat und die Eintracht wieder herstellte.

Nach dem Mittagessen fing der Ärger erst richtig an. Ich sagte: Könnten wir bitte zum Trinity College und Oriel College gehen?, worauf Laura erwiderte, wir müssten zuerst in den Lesesaal der Bodleian Library gehen, er befinde sich in einem prachtvollen Gebäude von Wren und ihr Mann arbeite dort und wolle mich kennen lernen. Wir gingen also dorthin, ich lernte den Professor kennen und besichtigte den Lesesaal, Gewölbedecke, Regale bis unter die Decke, Treppenaufgänge, alles sehr aufregend.

Als wir rauskamen, fragte ich, ob wir jetzt zum Trinity und zum Oriel College gehen könnten, und Laura fragte, ob ich wüsste, dass die Archive der Bodleian Library sich eine Meile lang unter den Bürgersteigen erstreckten, und zeigte mir, unter welchen Bürgersteigen. Und der Colonel sagte, er habe einen Sommer am Wadham College studiert, ich müsse unbedingt Wadham Yard sehen. Er und Laura waren sich einig, dass sie mir Blackwell's Bookshop zeigen müssten, eine sehr berühmte Buchhandlung, sie wüssten ja beide, wie sehr ich mich für Buchhandlungen interessierte. (Ich habe den Versuch aufgegeben, es je einem Menschen begreiflich zu machen, dass ich mich nicht für Buchhandlungen interessiere, sondern für das, was in den Büchern steht. Ich stöbere nicht in Buchhandlungen, ich stöbere in Bibliotheken, in denen ich ein Buch ausleihen kann, und wenn es mir gefällt, dann gehe ich in eine Buchhandlung und kaufe es.)

An diesem einen glücklichen Tag in meinem Leben, an dem ich in Oxford bin, werde ich also die Hauptstraße entlanggezerrt, muss mir jedes Monument und jede Kirche ansehen, alle von Christopher Wren erbaut (hier ist alles von Wren), werde durch Blackwell's Bookshop gezerrt, an allen Tischen, an allen Regalen vorbei, und bevor ich weiß, wie mir geschieht, laufe ich in einem Hof herum, der Wadham Yard heißt, also wirklich. Und die Zeit verrinnt, gleich gehen wir wieder zu Laura, wo wir mit ihrem Sohn Tee trinken werden, und nach dem Tee fahren der Colonel und ich zurück nach London.

Also bekam ich einen Wutanfall.

Ich stand mitten im Wadham Yard und brüllte: »WANN GUCKEN WIR UNS ENDLICH DAS AN, WAS ICH SEHEN MÖCHTE?«

Laura eilte an meine Seite, war sehr freundlich und verständnisvoll (sie war früher Sozialarbeiterin) und sagte:

»Dem Commahnder gefällt es hier. Wadham ist seine einzige Verbindung zu Oxford.«

Und ich erwiderte, sehr vernünftig: »ER LEBT HIER, ER KANN SICH DAS JEDEN TAG ANSEHEN, WENN ER WILL!«

Und sie sagte: Sch-sch, und der Colonel kam zu uns und sagte: »Was ist los? Was ist denn?«, und dann dachten sie beide darüber nach und fanden, dass ich Recht hatte, was genau wollte ich noch einmal sehen? Laura fragte, ob ich mir ganz sicher sei, dass es ein Oriel College gebe, sie könne es nämlich auf ihrem Plan nicht finden, und der Colonel sagte, vielleicht meinte ich Trinity College, Cambridge, Prinz Charles sei auf das Trinity College, Cambridge, gegangen.

Und ich sagte beherrscht, nein, ich meinte John Henry Newman, der am Oriel College unterrichtet habe und als katholischer Kardinal gestorben und in vielerlei Hinsicht ein wenig absonderlich gewesen sei, aber der Englisch schreiben konnte wie nur wenige andere auf Gottes schöner Erde, und von diesen wenigen sei einer John Donne, und sie seien beide am Trinity College, Oxford, gewesen, könnten wir also bitte zum Trinity und zum Oriel College gehen.

Wir verließen Wadham Yard und stellten uns an die Ecke, und Laura guckte wieder auf ihren Plan, und siehe da, es gab ein Oriel College. Wir gingen hin, und ich setzte mich allein in die Kapelle und hielt Zwiesprache mit John Henry Newman. (Draußen, so erfuhr ich später, erzählte der Colonel Laura, dass ich ein »bisschen wirr und verrückt« sei.)

Wir gingen zum Trinity College, und ich spazierte durch den Hof. Das war schon alles, Touristen dürfen nicht in die College-Gebäude.

Wenn man sich nicht in erster Linie für die Architektur interessiert, ist ein Besuch in Oxford sehr frustrierend. Für Touristen sind bei einem College nur der Innenhof und die Kapelle gleich beim Eingang zugänglich. Alles andere ist für Besucher gesperrt. Ich werde also nie die Schlafräume der Studenten sehen, und ich werde nie wissen, ob vor den Fenstern immer noch so »viele Löwenmäulchen« wachsen wie damals, als Newman hier lebte. Und in Cambridge werde ich nie die Zimmer sehen, in denen Milton schrieb, noch die, in denen Quiller-Couch unterrichtete, denn in Cambridge gelten die gleichen Beschränkungen.

Wir gingen wieder zu Laura und kamen fünf Minuten vor dem fünfzehnjährigen David an, der keuchend und nach Atem ringend ins Haus gestürzt kam, er war den ganzen Weg gerannt, weil er es kaum erwarten konnte, mich zu sehen, nie habe ich mich so geschmeichelt gefühlt.

Der Colonel trank eine Tasse Tee und verzog sich dann in eins der Schlafzimmer, um ein Nickerchen zu machen, und Laura und David und ich saßen in der Küche und erzählten uns Geschichten über Philadelphia, wo sie zu Hause sind und wo ich aufgewachsen bin. Im September gehen sie zurück.

Noch beim Tee wurde Laura plötzlich von Schuldgefühlen gepeinigt, weil mein Tag so unglücklich verlaufen war, und sie bat mich inständig, ich möge irgendwann mit dem Zug nach Oxford kommen und allein die Stadt besichtigen. (»Erzählen Sie uns am besten gar nicht erst, dass Sie da sind«, sagte sie, und David sagte: »Warum soll sie uns nicht sagen, dass sie da ist?«) Ich versicherte ihr, dass ich das gesehen hätte, was ich am meisten hatte sehen wollen – und innerhalb der Grenzen dessen, was möglich war, stimmte das auch.

Auf dem Weg zurück nach London kamen wir durch eine Ortschaft namens Thame – der Name wird wie »same«, nur mit einem Lispeln ausgesprochen –, und der Colonel erzählte mir, warum die Thames »Themse« ausgeprochen wird: Anscheinend hatte der erste König aus dem Haus der Hannoveraner einen starken deutschen Akzent und konnte das »th« nicht aussprechen. Er nannte den Fluss »te Themse«, und da der Grundsatz gilt, dass der König immer Recht hat, mussten es alle anderen auch Themse aussprechen, und so ist es seither die Themse.

Er erzählte mir von all den Witwen, die auf seinen Rat angewiesen seien, sie scheinen alle »haufenweise Geld« zu haben und Kinder, die ihn anhimmeln.

Um neun waren wir zu Hause. Ich werde ihm immer und ewig dankbar sein für die Reise, aber es war genug des Zusammenseins. Ich habe mich in die Bar verkrochen, um das hier zu schreiben; die Lounge ist bequemer und außerdem umsonst, aber hätte heute Abend jemand versucht, mich anzusprechen, hätte ich nach ihm geschnappt.

Ein Stapel von Nachrichten an der Rezeption. Marc Connelly hat angerufen, der Londoner *Reader's Digest* hat angerufen; Nikkis Barbara hat angerufen und eine Frau, von der ich nicht weiß, wer sie ist. Der Mann an der Rezeption war von all den Nachrichten sehr beeindruckt. Ich auch.

Samstag, 3. Juli

Gerade habe ich Marc Connelly angerufen. In meiner
Kindheit, als meine Eltern fanatische Theaterbesucher
waren, galt er als der Star der Stückeschreiber. Hätten
sie doch erleben können, was für einen Fan-Brief er mir
geschrieben hat! Der Brief kam kurz vor Weihnachten
bei mir an, und ich hätte ihn beinahe weggeworfen, ohne ihn zu lesen. Connellys Name ist mit einer obskuren
Wohltätigkeitsorganisation verbunden, die ich nicht
unterstütze, und ich hatte den Brief für einen Spendenaufruf gehalten. Meine Hand schwebte schon über dem
Papierkorb, als mir auffiel, dass der Brief eigentlich
ziemlich dünn für einen Spendenaufruf war. Also machte ich ihn auf:

Sehr geehrte Miss Hanff,
angesichts der Flut von Briefen, die auf Sie einstürzt
(wie viele dankbare Menschen haben Ihnen bisher
geschrieben – eine Million? Zwei Millionen?), werden
Sie vermutlich erst in einem Jahr oder so dazu
kommen, diesen Brief zu lesen.
Und dann werden Sie feststellen, dass es ein Brief ist
wie all die anderen auch: Es steht drin, dass 84,
Charing Cross Road *zärtlich und lustig und leuchtend*

und wunderschön ist und den Leser mit Freude darüber
erfüllt, dass er mit Ihnen in dem gleichen Jahrhundert
lebt.
Kniefällig
Marc Connelly

Und ich hätte den Brief beinahe weggeworfen, ohne
ihn aufzumachen!

Ein paar Monate später traf ich mich mit ihm, und er
sagte, er komme im Juli nach London und sei dann in
seinem Club; er würde mich einmal mitnehmen, damit
ich sehen könnte, wie so ein Gentlemen's Club aussieht.

Er holt mich morgen Mittag um eins zum Lunch ab.

Nikkis Barbara und die Leute vom *Reader's Digest*
kann ich erst am Montag anrufen, da am Samstag niemand im Büro ist. Nikki, die Freundin, die mit dem
Bobtail Chester bei unserem Picknick im Central Park
dabei war, arbeitet für eine Zeitschrift in New York, und
Barbara arbeitet für die gleiche Zeitschrift in London.
Die beiden haben sich noch nie gesehen, aber sie sprechen jeden Tag am Telefon miteinander und sind gute
Freundinnen. Wir mussten Nikki versprechen, dass wir
uns während meines Aufenthalts treffen würden.

Ich kann auf jeden Fall bis zum fünzehnten bleiben,
denn es kommen stetig Essenseinladungen herein. Gerade habe ich die Frau angerufen, die ich nicht kenne und
sich gemeldet hatte, während ich unterwegs war. Sie sagte, sie und ihr Mann seien von dem Buch begeistert und

möchten mich zu sich nach Hause zum Essen einladen, damit ich ihre Ecke von London kennen lernen könnte. Ich habe mich mit ihnen für Dienstag verabredet.

Jeder Tourist in diesem Hotel hat mal irgendjemanden aus dem Königshaus gesehen, außer mir. (Ich weiß das deshalb, weil jeder, der am Nebentisch allein frühstückt, eine Unterhaltung zu dem Thema mit der Frage beginnt: »Darf ich mal um die Orangenmarmelade bitten?«) Entweder haben sie gesehen, wie die Familie nach Windsor aufbrach, oder sie selbst wollten gerade in den Aufzug steigen, als die Königinmutter ausstieg, oder sie haben gesehen, wie Prinzessin Anne gerade in ein Krankenhaus ging und der Menge zuwinkte, oder sie gingen zufällig an Prinz Edwards Schule vorbei, als der Siebenjährige mit den anderen Jungen herauskam. Heute Morgen werde ich also zum Buckingham Palace gehen, mal sehen, ob ich auch so ein Glück habe.

Zehn Uhr abends

War beim Buckingham Palace und ging eine Weile vor dem Eisenzaun mit den spitzen Zacken auf und ab, aber das Einzige, was ich sah, war wieder so ein Anachronismus: eine Kutsche aus dem siebzehnten Jahrhundert, die ein Kutscher in aufwendig geschmückter Uniform durch das Tor lenkte, und in der Kutsche zwei kühl blickende Diplomaten mit Zylindern auf den Köpfen und Zigaretten in den neuzeitlichen Gesichtern.

Ich finde es äußerst merkwürdig, wie das Königshaus behandelt wird. Die königliche Familie lebt in Palästen, die durch Zäune, Parkanlagen, Tore und Wachen vor neugierigen Augen geschützt werden, damit die Privatsphäre der Bewohner gewahrt wird. Und dann liest man in der Abendzeitung die Schlagzeile: PRINZESSIN ANNE WURDE ZYSTE AM EIERSTOCK ENTFERNT. Ich meine, sie ist ein junges Mädchen, sie wächst in einer schwer bewachten Umgebung auf, und jeder Biertrinker in jedem Pub weiß über den aktuellen Zustand ihrer Eierstöcke Bescheid!

Ging auf dem Weg zum Hotel durch Lincoln's Inn Fields, einen Park, der diesseits der Gerichtshöfe, der Inns of Court, liegt und auf einer Seite von einer hübschen Häuserreihe an der King's Bench gesäumt wird. Dort setzte ich mich auf eine Bank und hörte die Gesprächsfetzen der Vorübergehenden:

».. . also, nicht gerade ungeschlacht, aber er sieht aus wie ein Rabbi aus dem schottischen Hochland.«

».. . doch da hat sie nichts ausrichten können, da draußen, also hat sie es gesteckt, und jetzt ist sie wieder zu Hause .. .«

»Die haben doch nur Angst, ihre weißen Kragen zu riskieren, darauf kannst du wetten!«

Jetzt bin ich wieder in der Bar. Normalerweise trinke ich nicht nach dem Essen, aber in diesem Hotel finden die Leute es komisch, wenn man *vor* dem Essen trinkt. Deswegen trinke ich um zehn Uhr abends einen Martini-Cocktail. Oder was man so nennt.

Am ersten Abend, den ich hier verbrachte, sagte ich zu dem jungen Barkeeper:

»Einen Martini-Cocktail, bitte.«

Er griff nach einer Flasche Martini & Rossi Vermouth, und bevor ich brüllen konnte: MOMENT MAL!, hatte er das Glas voll gegossen.

»Könnten Sie zuerst den Gin eingießen?«, fragte ich.

»Ach so!«, sagte er. »Sie wollen einen *Gin*-Martini.«

Er nahm die Ginflasche und einen Shaker, und ich sagte:

»Könnten Sie bitte Eis in den Shaker tun? Ich mag ihn kalt.«

»Klar doch!«, sagte er. Er füllte einen Eiswürfel in den Shaker, goss ein Maß Gin darauf, fügte eine halbe Tasse Vermouth hinzu, rührte einmal um, goss den Drink in ein Glas und reichte es mir mit einer großartigen Geste. Ich gab ihm das Geld, verzog mich an einen Tisch und sagte streng zu mir:

»Führ dich bloß nicht so auf wie all die anderen amerikanischen Touristen, die sich den Gewohnheiten eines Landes nicht anpassen können, und trink jetzt.«

Niemand hätte das trinken können.

Als ich das nächste Mal in die Bar kam, war gerade Essenszeit, die Bar war leer, und der Barkeeper und ich freundeten uns an; er fragte, ob ich nicht die Schriftstellerin sei, und sagte, er heiße Bob. Ich fragte, ob er etwas dagegen habe, wenn wir diesmal mein Rezept nähmen statt seins, und er sagte, klar doch, ich solle ihm genau sagen, was ich wolle.

»Könnten wir bitte mit vier Eiswürfeln im Shaker anfangen?«, fragte ich. Er fand das verrückt, aber er nahm drei Eiswürfel (das Eis war knapp). Er goss ein Maß Gin in den Shaker, und ich sagte:

»Gut, jetzt noch eins.«

Er starrte mich an, schüttelte fassungslos den Kopf und goss ein zweites Maß hinein.

»Gut, und nun noch eins«, sagte ich.

»NOCH MEHR Gin?«, fragte er, und ich sagte:

»Ja, und bitte nicht so laut.«

Er goss das dritte Maß hinein und schüttelte die ganze Zeit den Kopf. Als er nach der Vermouthflasche griff, sagte ich:

»Den gieße ich ein.«

Ich goss ein paar Tropfen Vermouth in den Shaker, rührte schwungvoll um, erlaubte ihm, mir den Drink ins Glas zu gießen, und sagte, er sei perfekt.

Jetzt mixt er den Drink selbst, aber er kann sich nicht dazu überwinden, das dritte Maß Gin einzugießen, er glaubt, dass ich sonst irgendwann sturzbetrunken und mit dem Gesicht auf der Theke vor ihm liege.

Sonntag, 4. Juli

Verfiel in düstere Stimmung bei der Erinnerung an die Zeiten vor dem Vietnamkrieg, als ich der ruhmreichen Geschichte meines Landes ohne Scham gedenken konnte und der 4. Juli noch eine Bedeutung hatte.

Marc Connelly holte mich um ein Uhr ab. Ich trug den braunen Rock und den weißen Blazer, und er sagte: »Wie hübsch Sie aussehen in Ihrem kleinen Segler-Aufzug«, und salutierte vor mir. Wir würden zum Lunch ins Hilton gehen, sagte er, weil sonst nichts geöffnet habe.

Das Hilton hat verschiedene Speisesäle, und er ging mit mir in den größten. Alle Tische waren besetzt mit eleganten, gepflegten Männern und schick gekleideten Damen; niemand sah schäbig aus, wie im Kenilworth. Und die Erdbeeren waren riesig, und die Sahne war dick, die Brötchen waren warm, und die Butter war kalt, und die Hühnerleber war perfekt gebraten.

Aber im Kenilworth lässt niemand die Eier zurückgehen. Keiner spricht in einem lässig-unhöflichen Ton mit den Kellnern, mit dem man zum Ausdruck bringt: »Ich bin besser als du, weil ich mehr Geld habe.« Und die Kellner antworten nicht mit dieser geübten Mischung aus Verachtung und Dienstfertigkeit, und sie sind nicht devot – lieber Gott, Alvaro wüsste gar nicht, wie man das schreibt. Und beim Frühstück im Kenilworth sieht niemand bitter oder unzufrieden aus, die Männer im Kenilworth trinken ihren Drink beim Lunch nicht missgelaunt, und es gibt keine Frauen mit hart geschminkten Gesichtern, die ihre Handtaschen mit scharfen Augen bewachen.

Wenn man die Menschen im Speisesaal des Hilton erblickt, möchte man erst zuschlagen, aber dann hat man nur noch Mitleid mit ihnen – niemand im Saal sah glücklich aus.

Nach dem Lunch nahm Marc mich mit in seinen Club in der St. James's Street. Von der Straße aus sieht das Haus schmal aus, aber wenn man durch die Tür kommt, betritt man einen enormen Salon, der in andere Räume übergeht, man schreitet eine großartige, geschwungene Treppe hinauf, und an der Wand hängen die Porträts der Besitzer, die alle wie Peter Ustinov aussehen, und im Obergeschoss sind weitere geräumige Säle: der Frühstücksraum, Spielräume, der Lesesaal. Eine Weile lang sahen wir uns im Farbfernsehen ein Cricket-Spiel an. Das heißt, ich habe es mir angesehen, Marc hat geschlafen. Er ist achtzig, er darf das.

Ich weckte ihn um drei und sagte, ich würde jetzt gehen, und er sagte fröhlich: »Jetzt wissen Sie, was ich von Cricket halte!«, brachte mich zur Tür und sagte, ich solle die Jermyn Street entlanggehen und mir die Auslagen in den Schaufenstern ansehen.

Das habe ich gemacht, dann bin ich in die Regent

Street eingebogen, und als ich auf dem Weg zum St. James's Park am Waterloo Place entlangging, wem begegnete ich da? Niemand anderem als dem distinguierten Johnny Burgoyne, klein und schmuck in einer Ecke auf einem kleinen Podest, der die Schlacht von Saratoga gegen uns Rebellen verloren hat. Ich glaube, er sollte zu den Einheiten eines anderen Generals aufschließen, aber es entstand ein heilloses Durcheinander, und Burgoynes ganzes Regiment wurde gefangen genommen. Es würde ihm gefallen, wenn er wüsste, dass er in *Der Teufelsschüler* von Shaw die einnehmendste Gestalt ist, er war selbst Bühnenautor. Er schrieb ein Stück und brachte es in Boston auf die Bühne, seine Offiziere traten als Schauspieler auf, als seine Truppen die Stadt besetzt hatten. Mir ist unklar, was die Briten veranlasst hat, ihm zu Ehren eine Statue aufzustellen, wahrscheinlich hat er irgendwo anders eine Schlacht gewonnen, aber während des amerikanischen Revolutionskrieges hat er sie fast eigenhändig verloren.

Ich wünschte ihm einen schönen 4. Juli.

Als ich zur Mall kam, wurde dort ein Promenadenkonzert gegeben. Anlässlich des 4. Juli spielte die Kapelle »Dixie« und »The Battle Hymn of the Republic«. Warum auch nicht? Wenn ich nicht weiß, wer Hampden war, warum sollen sie hier dann wissen, dass am 4. Juli nicht des Bürgerkriegs gedacht wird?

Sonnte mich eine Weile im St. James's Park, aber die Kapelle spielte immer weiter, und ich war nicht in der Stimmung dafür, also nahm ich mir vor, stattdessen zu

Lincoln's Inn Fields zu gehen. Da ich nicht die Marmor-
treppe raufgehen konnte – überall auf den Stufen saßen
Zuhörer –, wanderte ich die Mall entlang auf der Suche
nach einem anderen Ausgang. Ich fand eine kleine
Treppe, schlängelte mich zwischen den Menschen, die
dort saßen, hindurch und kam in Carlton Gardens raus,
einer hübschen Straße mit sehr vornehmen Wohnhäusern. Ich fühlte mich ein wenig an Sutton Place erinnert: die Häuser, die teuren Autos am Straßenrand, die
Kinderfrau im gestärkten Kleid, die einen Kinderwagen
schob – alles roch nach Geld. Ich ging umher, lief vielleicht in eine Nebenstraße, ich weiß es nicht mehr genau. Dann bog ich um eine Ecke und war plötzlich in
einer Straße, die ich nicht kannte und derengleichen
ich nicht ein weiteres Mal zu sehen erwarte.

Ich weiß nicht, wo ich war. Ich konnte kein Straßen-
schild entdecken, ich weiß nicht einmal mit Sicherheit,
ob es eine Straße war. Es war eine Art umschlossener
Hof, eine Sackgasse hinter dem Clarence House und
dem St. James's Palace. Die namenlosen weißen Häuser
waren möglicherweise die Rückseiten der Paläste. Wei-
ßer, prachtvoll glänzender Stein und die Straße absolut
still. Schritte sind laut, und man steht regungslos, fast
ohne zu atmen. Hier herrscht nicht der Geruch des Gel-
des, hier herrscht die geradezu heilige Stille des Privi-
legs. Im Kopf gehen einem Geschichten vom märchen-
haften Prunk der Monarchie herum, von dem zeremo-
niellen Pomp der englischen Könige und Königinnen.
Und plötzlich fällt einem Karl Marx ein, der unbe-

helligt in seinem Grab in Highgate liegt, und Königin Mary, die Gandhi empfing, so wie sie zuvor die Radschahs empfangen hat, so wie George III. den alten Emporkömmling John Adams als Botschafter am Hof von St. James empfangen musste. Voller Ehrfurcht steht man vor den Kontrasten – vor der *Tatsache*, dass der St. James's Palace und das Clarence House im sozialistischen England so friedlich ihren Platz haben.

Ich beschließe, das Wort Anachronismus nicht mehr zu benutzen, wenn eine Kutsche aus dem siebzehnten Jahrhundert durch die Tore des Buckingham Palace rollt und russische oder afrikanische Diplomaten des zwanzigsten Jahrhunderts zu einem Empfang bei der Königin bringt. »Anachronismus« bezieht sich auf etwas, das seit langem tot ist, und hier ist nichts tot. Die Geschichte, so könnte man sagen, erfreut sich bester Gesundheit und lebt in London.

Montag, 5. Juli

Heute Morgen rief Nikkis Barbara an; wir haben uns für Freitag zum Lunch verabredet. Ich habe ihr ein paar Fragen durchgegeben, die sie per Fernschreiben an Nikki schicken soll, und sie bringt mir die Antworten mit.

Ich rief beim Büro von *Reader's Digest* an, und die Frau am Telefon sagte, sie würden den Fan-Post-Artikel in der englischen Ausgabe bringen, aber er handle nur von der amerikanischen Fan-Post, ob ich keine englischen Fans hätte? Der Colonel und seinesgleichen – natürlich habe ich englische Fans! Ich erklärte, dass ich den Artikel geschrieben und verkauft hätte, bevor die englische Fan-Post eintraf, und sie fragte, ob es mir sehr viel ausmachen würde, ein oder zwei Seiten über die englische Fan-Post zu schreiben. In ein paar Tagen gehe die Sache in den Druck, sie müssten meine zusätzlichen Seiten morgen bekommen, wäre das möglich?

Am liebsten hätte ich gesagt: »Gute Frau, das hier sind die ersten richtigen Ferien meines ganzen Lebens, und mir bleiben nur noch zehn Tage!« Doch dann schoss mir leider der Gedanke durch den Kopf, dass dies nicht die ersten richtigen Ferien meines Lebens wären, wenn *Reader's Digest* sie mir nicht ermöglicht hätte, deshalb sagte ich, es sei mir ein Vergnügen.

Werde mich zu André Deutsch bemühen und mir eine Schreibmaschine ausleihen.

Später

Habe drei neue Seiten geschrieben und sie zum *Digest*-Büro am Berkeley Square gebracht und bin auf einem wunderbaren neuen Weg zurückgegangen: auf dem Stadtplan immer nach oben, bis zum Regent's Park und noch weiter. Irgendwo auf dem Weg kam ich an umgebauten ehemaligen Stallungen vorbei mit einem Eingangstor, an dem für den Rest der Welt ein Schild hing. Es hatte die Aufschrift:

ERREGUNG VON ÄRGERNIS VERBOTEN

Je länger man auf diese Worte starrt, desto mehr decken sie ab. Vom Beschmutzen der Straße über Einbruch bis hin zur Invasion von Vietnam deckt sie alles ab.

Als ich zurückkam, war an der Rezeption ein Brief für mich:

Können Sie am Mittwoch Punkt zwölf Uhr hier sein, um zwei englische Herrenhäuser zu besichtigen?
In Eile —
P. B.

Gerade rief Mary Scott an. Sie hatte mir letztes Frühjahr geschrieben, sie und ihr Mann seien aus Kalifornien und verbrächten jedes Frühjahr und jeden Sommer in London, und sie hatte mir angeboten, mit mir einen Spaziergang durch London zu machen. Jetzt erzählte sie mir, dass sie einen Monat lang Besuch gehabt habe, der gerade abgereist sei, und nun sei sie frei für den Spaziergang, und sie würde mich am Donnerstagmorgen abholen, und abends solle ich bei ihr zum Essen bleiben.

Morgen Abend bin ich zum Essen bei dem englischen Paar eingeladen, das angerufen hatte, als ich in Stratford war, und am Donnerstag bei den Scotts, so dass ich mir vielleicht von dem Essensgeld, das ich spare, einen Besuch beim Friseur leisten werde.

Dienstag, 6. Juli

Habe mir meine Haare in einem kleinen Laden in der Regent's-Park-Gegend, auf der Paddington Street, machen lassen, und die hübsche Friseuse fragte mich, ob ich aus den Staaten sei, und ich sagte Ja.

»Wie finden Sie denn London?«, fragte sie. »Der Lärm und die vielen Menschen, macht Ihnen das nichts aus?«

Was soll mir etwas ausmachen?

Für eine Großstadt ist London unglaublich leise. Der Verkehr ist schlimmer als bei uns, weil die Straßen so eng sind, aber die Autos, die durch die Stadt fahren, sind ganz leise, und es gibt überhaupt keine Lastwagen, weil eine Bestimmung das verbietet. Sogar die Polizeisirenen sind leise. Die Krankenwagen haben Sirenen, die immer Bluuh-UUP, Bluuh-UUP machen, wie ein Walross, das unter Wasser weint.

Und bisher habe ich noch nichts gesehen, selbst im Bus nicht, was ein New Yorker eine Menschenansammlung nennen würde.

Mitternacht

Die englischen Fans, die mich zum Essen eingeladen haben, sind ein reizendes Paar; sie wohnen in einem umgebauten Stall in Kensington. Die ursprünglichen Ställe stehen hinter den Wohnhäusern in einer kleinen Gasse, und zurzeit ist es Mode, Scheunen und Ställe in Wohnhäuser umzuwandeln, alle wollen in einem umgebauten Stall wohnen, es gilt als schick.

Aber Ställe und Scheunen sind aus Stein gebaut und haben keine Fenster. Und die Pferde haben sich nie besonders für die Wasser- oder Stromversorgung interessiert. Man kauft also einen von diesen Ställen und bringt sich fast dabei um, eine Pferdebox in eine höchst sonderbare Küche zu verwandeln (eingezwängt zwischen zwei hohen steinernen Trennwänden), man legt Stromleitungen und schließt den Stall an die Wasserversorgung an, man baut Küchengeräte und ein Bad ein und bringt die Möbel in die eigentliche Box – und wenn man fertig ist, kann man immer noch kein Loch in eine dreißig Zentimeter dicke Wand stemmen, um ein Fenster einzubauen, man hat also alles, was man braucht, außer frischer Luft. Das Paar, bei dem ich zum Essen eingeladen war, wohnt in einem reizenden kleinen Stall, der im Sommer, so erklärten sie mir fröhlich, so heiß ist, dass sie möglichst bald nach dem Essen rausgehen. Im Winter dagegen erfrieren sie ohne und ersticken mit Heizung.

Auf der anderen Straßenseite lebt Agatha Christie,

die ebenso bequem eingerichtet und beträchtlich älter ist.

Idiotisch.

Sie servierten ein vornehmes Lachssteak, fuhren mit mir durch Chiswick – es wird Chisick ausgesprochen –, und wir gingen entlang dem Strand on the Green spazieren. Der Strand on the Green ist ein schöner Weg mit Blick auf die Themse, und man kann von den Häusern die Treppe hinunterlaufen und in den Fluss springen. Die Häuser wurden von Charles II. für seine Mätressen gebaut. Sie sind hübsch und entzückend, sehr teuer und begehrt, und die privilegierten Bewohner werden so beneidet, als würde die Themse nicht gelegentlich über die Ufer treten und ihre Wohnzimmer überfluten.

Ich weiß nicht mehr, worüber wir sprachen, aber ich erzählte etwas, das mit dem Central Park zu tun hat, und meine Gastgeberin sah mich entsetzt an.

»Wollen Sie damit sagen, dass Sie in den Central Park gehen?«, fragte sie. »Ich dachte, dort werden die Menschen umgebracht.«

Ich sagte, ich ginge fast täglich dorthin, und bot ihr und ihrem Mann an, einen Spaziergang mit ihnen durch den Park zu machen, sollten sie je nach New York kommen. Und dann erzählten sie mir, sie hätten im letzten Jahr drei Tage im Plaza Hotel verbracht und nicht ein einziges Mal ihr Hotelzimmer verlassen, aus Angst, man könne sie umbringen. Sie sind nicht auf der Fifth Avenue flaniert. Sie haben den Central Park nicht gesehen, nicht einmal von einer Pferdekutsche aus. Sie haben nicht einen einzigen Wolkenkratzer betreten. Sie haben keine Besichtigungsfahrt mit dem Bus gemacht.

Sie haben ihr Hotelzimmer nicht verlassen.

»Wir hatten einfach Angst«, sagte die Frau.

Seit meiner Ankunft in London sind drei College-Studenten, die auf einem Zeltplatz schliefen, erschossen worden; ein Mädchen wurde erstochen in ihrer Wohnung aufgefunden; überall in der Stadt liest man Schilder, auf denen steht: LOCK UP LONDON (Verriegelt London). Ich habe P. B. gefragt, was sie bedeuten, und er hat mir erklärt, dass man mit dieser Kampagne versuche, die Londoner dazu zu bringen, ihre Türen und Fenster zu verschließen, wenn sie ausgehen, weil es eine Welle von Einbrüchen gegeben habe; drei seiner Freunde seien am selben Wochenende ausgeraubt worden.

Die Verbrechensrate in New York ist hundertmal größer als in London. Bei uns gibt es wahrscheinlich mehr Morde und Raubüberfälle in einer Woche als in London in einem Jahr. Dennoch, auch wenn es unbedeutend ist, es würde kein Schiedsrichter und kein Fan je seinen Blick lange genug von dem Geschehen auf dem Baseball-Feld abwenden, um eine Frau zu belästigen. Und kein Hund in New York würde je drei Mädchen auf der Straße anfallen und eins davon zu Tode beißen, wie es hier geschehen ist.

Ich meine, das Leben ist überall hart. In New York ist es härter. Aber nicht so hart, dass zwei Londoner sich ein ganzes Wochenende in einem Hotelzimmer verschanzen und sich ihre einzige Gelegenheit versagen müssten, *die* fabelhafte Stadt zu besichtigen, die das zwanzigste Jahrhundert hervorgebracht hat.

Eines Tages werde ich ein Buch über das Leben in New York schreiben – über das Leben in einem Wohnblock mit sechzehn Stockwerken, in dem Familien, Junggesellen, Karrierefrauen und ein neunzigjähriger Dorftrottel zusammenleben und das einen Portier hat, der die Namen und die Apartment-Nummer von jedem Einzelnen der siebenundzwanzig Hunde kennt, die in dem Haus wohnen. Ich bin es so leid zu hören, wie schrecklich es sein muss, in New York zu leben, und das von Leuten, die nicht dort leben.

Mittwoch, 7. Juli

P. B. ist mit mir zum Syon House gefahren, dem Familiensitz der unglückseligen Sippe jener Northumberlands, die Jane Grey zur Königin machen wollten und sich gegen Elizabeth auf die Seite von Maria Stuart geschlagen haben. Die Rosengärten übertrafen alles, was ich bis dahin gesehen hatte: ganze Felder mit Rosen in einem berauschenden Regenbogen aus Farben. P. B. erzählte mir, er habe das Wochenende bei Freunden auf dem Lande verbracht, die einen doppelten Rosengarten besitzen und ihm nicht einmal eine abgebrochene Knospe mitgegeben haben. In London vermissen die Leute ihre Gärten, er und die anderen Mieter in seinem Haus züchten auf dem Dach ein paar Gartenpflanzen in Töpfen.

Vom Syon House fuhren wir nach Osterly Park, auch ein Familiensitz, wessen, weiß ich nicht mehr. Ich lerne ein bisschen über Häuser von Nash und Kirchen von Wren; heute in Osterley Park waren es Wände von Adam: polierte Holztäfelung, mit zarten Intarsien bedeckt. Man kann eine einzelne getäfelte Wand stundenlang betrachten, und trotzdem entgehen einem manche Einzelheiten. In einem von Uhren, Autos, Flugzeugen und Fahrplänen beherrschten Jahrhundert fällt es einem schwer, sich ein Zeitalter vorzustellen, in dem die Menschen so unendlich viel Muße und Geduld hatten, wie man sie für solche Arbeiten braucht.

Auf der Rückfahrt erzählte P. B. mir, dass er viele Jahre lang mehrmals in Hollywood als Berater bei Filmen mit englischen Schauplätzen gearbeitet habe. Zunächst fand ich die Vorstellung grotesk, dass P. B. in Hollywood geweilt hatte, als es gleichbedeutend mit Geschmacklosigkeit und Übertreibung war. Doch dann wurde mir klar, dass er eins von diesen Originalen ist, die sich in fast jeder Umgebung wohl fühlen; nichts bleibt an ihm haften. Er ist überall gewesen und kennt alle Welt, er ist ein geselliger Mensch – auf seinem Kaminsims steht immer ein gutes Dutzend Einladungen –, aber er wirkt stets ein wenig entrückt von denen, die ihn umgeben.

Er erzählte mir, einmal habe er einen amerikanischen Architekten, der einen Auftrag für das Essex House in New York hatte, in ganz England herumgefahren. Im Essex House sollte die Cocktailbar renoviert und in einen englischen Pub umgewandelt werden.

»Sie haben mir den Mann geschickt, und ich bin überall mit ihm herumgefahren und habe ihm die besten alten Pubs gezeigt. Dann ist er nach New York zurückgekehrt, hat seine Pläne gezeichnet und sie mir geschickt. Ich zeige Sie Ihnen, wenn wir zurück sind.«

Wir kamen in Rutland Gate an, er zeigte mir die Zeichnungen, und sie waren bezaubernd: ein Pub mit holzgetäfelten Wänden, auf alt gemachten Holztischen und Bänken und einer hohen, altmodischen Holztheke mit Fässern darüber. Der Pub wirkte warm und anheimelnd, und das Holz glänzte im Schein altmodischer Lampen, die tief von der Decke herabhingen.

»Gibt es den Pub noch?«, fragte ich.

»Ich glaube schon«, sagte er.

»Dann gehe ich mal hin, wenn ich wieder zurück bin«, sagte ich. »Hat er Ihnen geschrieben und erzählt, wie es aussieht?«

»Aber ja«, sagte er mit seiner hellen, nichts preisgebenden Stimme, »das Essex House hat den Pub mit Plexiglas, Chrom und schwarzem Leder ausgestattet.«

Am Samstag fährt er für eine Woche nach Wales. Wenn er zurückkommt, bin ich schon weg.

Donnerstag, 8. Juli

Mary Scott hat mit mir einen Spaziergang durch Knightsbridge und Kensington gemacht, als Erstes sind wir zu Harrods gegangen, weil ich da noch nicht war. Es ist ein unglaubliches Kaufhaus, man kann dort alles kaufen, von diamantenen Halsketten bis hin zu lebenden Tigern, es gibt dort einen Zoo. Ich musste an Chester, den Bobtail, denken, der im gleichen Haus wohnt wie ich – er ist auch von Harrods.

Im Erdgeschoss gibt es einen Blumenladen, und wenn man zwölf Rosen kaufen möchte, kann man sie einzeln aussuchen. Man kann nur Knospen oder nur aufgeblühte Rosen nehmen oder die eine Hälfte so, die andere Hälfte so, und man kann von jeder Farbe eine nehmen. Ich war ganz aus dem Häuschen und habe zwölf Rosen für P. B. ausgesucht, als Verschönerung für seine Wohnung, bevor er nach Wales fährt. Ich wusste nicht, wie ich mich anders bei ihm hätte bedanken können.

Wir schlenderten die schmalen Wege an Stallungen vorbei und durch die Sackgassen und lugten in Gärten und verschwiegene Anlagen. Chelsea, Kensington und Knightsbridge kommen mir alle auf selbstgefällige Art reizend vor, ganz anders als die Gegend am Regent's Park. Dort wohnen die Scotts, und ich sagte zu Mrs.

Scott, wenn ich mir in London eine Wohnung aussuchen könnte, würde ich in der Gegend vom Regent's Park wohnen. Sie sagte, die Gegend heiße nicht Regent's Park, sondern Marylebone.

Sie haben eine große Wohnung am Gloucester Place, und sie hatte eine köstliche Lachs-Mousse mit massenhaft Sahne zum Abendessen vorbereitet. Lachs ist hier eine große Delikatesse, es ist ein Kompliment an den Gast, wenn man ihm Lachs anbietet, so wie bei uns Filet Mignon oder Hummer.

Bin gegen zehn zurückgekommen und hatte die Lounge eine Stunde lang für mich, aber mit dem Frieden ist es jetzt vorbei. Soeben kam eine Frau herein, die nach einem Gesprächspartner suchte. Sie sagte, ich müsse mir auf jeden Fall den Temple ansehen; wenn ich die Middle Temple Lane gefunden hätte, sähe ich zwei große weiße Portale, die in den Temple, den Inner Temple und die Middle Temple Hall führten, und der Portier würde mir das Zimmer zeigen, in dem Dickens *Große Erwartungen* geschrieben hat. Ist wohl nicht der rechte Moment, um ihr zu sagen, dass ich *Große Erwartungen* sehr langweilig fand, das ist eine von diesen Bemerkungen, die die Unterhaltung unweigerlich zum Erliegen bringen.

Sie sagt, die Tempelritter seien unter dem Boden der Kirche beerdigt worden, deshalb heiße die Kirche Temple. Sie sagt, die Kirche sei im Krieg zerstört worden und die Gebeine der Ritter seien nach Kriegsende ausgegraben worden und lägen jetzt in einem Gemeinschaftsgrab unter der wieder aufgebauten Kirche. Zum Glück habe ich vor, mir das alles anzusehen; wenn nicht, müsste ich fortan die Lounge meiden, denn soweit ich weiß, verbringt sie alle ihre Abende hier.

Gerade sind zwei Frauen hereingekommen – Anfang dreißig, sehr adrett, vielleicht Lehrerinnen, sie sind aus Toronto –, und anscheinend hatte die Temple-Frau sie auf eine Besichtigungstour geschickt, und jetzt erzählen sie ihr, was für ein wunderbarer Vorschlag das war: Greenwich mit dem Schiff. Das Maritime Museum.

Die Temple-Frau sagt, das werde mich interessieren, da ich Amerikanerin sei, sie sagt, in Greenwich gebe es Artefakte von den Pilgern, die seien dort in See gestochen. Dachte immer, es sei Plymouth gewesen. Habe aber nichts gesagt. Ich verkneife mir den wahnwitzigen Drang, im Plauderton zu den dreien zu sagen:

»Wussten Sie eigentlich, dass die Pilgerväter nicht nur den Pilger erhängten, wenn sie ihn beim Sex mit einer Kuh erwischten, sondern auch die Kuh?«

Eine der Lehrerinnen will wissen, ob ich die Schriftstellerin sei. Sie hätten so viel von mir an der Rezeption gehört. Wenn es ihnen gelänge, morgen ein Exemplar von meinem Buch zu erstehen, wäre ich dann so freundlich, es für sie zu signieren? Selbstverständlich. Neulich habe ich zu einer Frau gesagt, sie versage sich soeben die Chance, stolze Besitzerin des einzigen existierenden unsignierten Exemplars des Buches zu sein, aber sie hat mich nur verdutzt angesehen, niemand versteht mich.

Freitag, 9. Juli
Russell Square

Um zehn Uhr morgens kam ein Mann, um mit mir ein Interview für Radio London zu machen, und ich habe ihn und sein Tonbandgerät hierher geschleppt. An einem sonnigen Sommermorgen setze ich mich nicht in eine dunkle Hotelhalle.

Er erzählte mir, dass in der letzten Saison ein Stück über Lord Nelson und Lady Hamilton aufgeführt worden sei und der Text an den Buckingham-Palast geschickt wurde. Von dort kam er mit folgender Notiz an den Produzenten zurück:

Der Herzog von Edinburgh ist der Meinung, dass Sie Lady Hamilton sehr schäbig behandelt haben.

Die Königin enthält sich eines Urteils.

Hier kann jeder mit einer Anekdote über Prinz Philip aufwarten, die Leute sind stolz, dass er so unkonventionell ist. Die Menschen betrachten die Königliche Familie als ihre Verwandten, was sehr hübsch ist, als wären es die Cousine Elizabeth und ihr Mann und die Kinder, von denen man spricht. Jeder fühlt sich berufen, sie zu kritisieren, wozu sind Verwandte sonst da? Elizabeth, Philip und Prinz Charles sind sehr beliebt; gegenüber Prinzessin Anne sind die Gefühle gemischt;

133

die meisten Menschen, mit denen ich gesprochen habe, nehmen sie stark in Schutz. Fragt man einen Engländer: »Wie ist denn Prinzessin Anne so?«, dann sagt er:

»Na ja, man darf nicht vergessen, dass sie noch sehr jung ist, für sie ist das alles noch ganz neu, schließlich ist sie erst zwanzig, da kann man nicht erwarten —«

Dabei hat man nur gefragt: »Wie ist sie denn so?«

Aber von ihren Reitkünsten sind sie sehr beeindruckt, und das erzählen sie einem mit großem Stolz: »Sie ist so gut, sie könnte für England reiten!«

Gemischte Gefühle gibt es auch gegenüber der Königinmutter (was mich überraschte). Eine Frau sagte zu mir:

»Ihr Bild in der Öffentlichkeit ist ein Meisterstück der Pressearbeit. Ich habe mal bei Harrods neben ihr gestanden, und sie hat die kältesten Augen, die man sich vorstellen kann.«

Muss ins Hotel zurück, um mich mit Nikkis Barbara zum Lunch zu treffen. Sie mag zwar keine Curry-Gerichte, aber aus reiner Freundlichkeit geht sie mit mir in ein Curry-Lokal in der Charlotte Street, das ist bei mir in der Nähe.

Später

Als ich vom Russell Square zurückkam, lag an der Rezeption ein Dankesbrief für mich.

Die prächtigen Rosen sind eingetroffen – sie stehen auf meinem Schreibtisch, während ich dies schreibe, und erfüllen das ganze Zimmer mit ihrem Duft. Wie freundlich von Ihnen – herzlichen Dank. Ich habe soeben mit Jean Ely gesprochen, sie und Ted sind gestern Abend im Connaught abgestiegen. Ich habe ihr gedankt, dass sie uns miteinander bekannt gemacht hat.
Bin am 18. zurück. Bitte seien Sie dann noch hier.
In Eile –
P. B.

Ich fahre am Donnerstag, den 15.

PER FERNSCHREIBER
6. JULI 1971

AN NIKKI VON HELENE ÜBER BARBARA ZWEI BITTEN
ERSTENS ANDY-CAPP-COMICS VERGRIFFEN FÄLLT DIR
ETWAS EIN DAS KULTURELL ANSPRUCHSVOLLER IST UND
DAS SIE DIR ALS GESCHENK MITBRINGEN KANN
ZWEITENS SIE MÖCHTE DIE NAMEN DER ZWEI BESTEN
ORIGINAL INDISCHEN CURRY-LOKALE IN SOHO WISSEN
HIER ALLES BESTENS

AN BARBARA VON NIKKI VIELEN DANK FÜR DIE
NACHRICHT VON HELENE DER POSTKARTE NACH
AMÜSIERT SIE SICH PRÄCHTIG HABT IHR EUCH SCHON
GETROFFEN

NOCH NICHT ABER WIR GEHEN AM FREITAG ZUSAMMEN
ZUM LUNCH HAST DU DIE CURRY-ADRESSEN FÜR SIE

NOCH NICHT WERDE MEINEN INDISCHEN FREUND
FRAGEN BIN GERADE AUS DEN FERIEN ZURÜCK SAG IHR
ICH HABE MICH VERLIEBT

KLASSE BIS DANN

8. JULI 1971

1510 GMT LONDON
AN BARBARA
VON NIKKI
ZWEI CURRY-LOKALE MURGI KARI UND MURG
MASALAM HIER EINE NACHRICHT FÜR SIE VON KEN
MILLS ALLES VERLOREN UNTERSTÜTZE DODGERS IN
WESTERN DIVISION ODER BESSER FANG MIT CRICKET AN
VIEL SPASS UND DANKE NIKKI ENDE

OKAY NIKKI MACHE ICH BIS DANN

9. JULI 1971

AN NIKKI NEW YORK
KOMME GERADE VOM LUNCH MIT HELENE UND HABE
DIESE NACHRICHT FÜR DICH NOTIERT DIE HERZOGIN
DER BLOOMSBURY STREET SAGT WIE KANN ALLES
VERLOREN SEIN ES IST ERST JULI SIE BRINGT DIE
DODGERS ZUM SIEG WENN SIE ZURÜCK IST DIE
HERZOGIN SAGT DU DARFST DICH OHNE IHRE
ZUSTIMMUNG NICHT VERLOBEN SIE MUSS IHN ERST
BEGUTACHTEN ENDE

Samstag, 10. Juli

Ich finde, alle, die arbeiten, sollten den Samstagnachmittag freihaben, aber hier wird es auf eine verrückte Weise gehandhabt.

Bin zu Fortnum & Masons gegangen und habe kleine Zeichen der Wertschätzung für Freunde zu Hause gekauft, und als ich fertig war, war es Mittagszeit. In dem Laden gibt es ein schönes Café, also ging ich dorthin. Eine lange Schlange stand nach Tischen an, aber an der Theke waren ein paar Plätze frei, ich setzte mich also auf einen Hocker und nahm die Speisekarte. Rechts und links von mir wurden die Gäste bedient, und die Kellnerin hatte alle Hände voll zu tun. Ich wartete, bis sie alle mit Tee und Torte versorgt hatte, und als sie sich endlich mir zuwandte, sagte ich:

»Ich hätte gern —«, und sie sagte:

»Wir haben geschlossen, Madam«, und ich sagte:

»Was haben Sie?«, und sie sagte:

»Geschlossen.«

Und sie zeigte auf einen Kellner, der mit einer Tafel zur Tür ging. Er stellte die Tafel vor die lange Schlange der Wartenden, und was soll ich sagen, auf dem Schild stand: GESCHLOSSEN.

Zur Mittagsstunde an einem Samstag, während das

Geschäft geöffnet hat und voller Kunden ist, schließt das Café. Das nenne ich eine gute, starke Gewerkschaft.

Ging am Nachmittag zum Temple. Als ich rauskam, regnete es, und ich fuhr mit dem Bus zurück. Man muss höllisch aufpassen mit diesen Bussen. Im Bus ist ein Schild angebracht, auf dem steht: BITTE NUR NACH AUFFORDERUNG AUSSTEIGEN. Man möge mir glauben, das Schild dient der eigenen Sicherheit.

Der Fahrer sitzt vorn im Bus und hat den Passagieren den Rücken zugewandt. Theoretisch ist der Schaffner am anderen Ende des Busses, da, wo man aussteigt. Aber er muss auch durch den Bus gehen und die Fahrgäste fragen, wohin sie fahren, und ihnen die Fahrscheine verkaufen und das Geld entgegennehmen und ihnen das Wechselgeld aushändigen, und da es Doppeldecker-Busse sind, ist der Schaffner die meiste Zeit oben.

Wenn der Bus bei deiner Haltestelle hält und der Schaffner auf dem Oberdeck ist, STEIG NICHT AUS, fahr einfach an der Haltestelle vorbei, warte, bis er nach unten kommt. Denn wenn der Schaffner nicht da ist, um dem Fahrer ein Signal zu geben, dass du sicher ausgestiegen bist, fährt der Fahrer nur ein bisschen langsamer und wartet kurz, und dann fährt er weiter in der *Annahme*, dass du sicher ausgestiegen bist. Ich bin klein und flink, und ich bin behände aus dem Bus gesprungen. Trotzdem wäre ich beinahe auf die Nase gefallen, der Bus ist einfach losgefahren, als mein linker Fuß noch auf der letzten Stufe war.

Ich habe gerade Jean Ely im Connaught angerufen und ihr gedankt, dass sie P. B. gebeten hatte, mir London zu zeigen. Sie sagte, ich solle Donnerstagabend zum Essen kommen, damit ich ihr alles erzählen kann.

Sonntag, 11. Juli

Ich hatte mir drei Glanzpunkte – Westminster Abbey, den Tower und St. Paul's – für meine letzte Woche aufgehoben, und bin jetzt froh darüber. Die Gewissheit, das noch vor mir zu haben, bewahrte mich vor einer Depression darüber, dass ich abreisen musste, bevor ich dazu bereit war. Wachte heute Morgen ganz aufgeregt auf, weil Sheila und Nora und ich heute Nachmittag zur Westminster Abbey gehen.

Sie ist voll sonderbarer Dinge, von denen mir nie jemand erzählt hat – es gibt zum Beispiel eine Gedenktafel zur Erinnerung an Major John André, »betrauert, selbst von seinen Feinden« steht darauf. »Seine Feinde«, das waren wir, die Rebellen. André war der britische Spion, an den Benedikt Arnold uns verraten hatte. Die Amerikaner nahmen ihn gefangen und henkten ihn, so wie die Briten kurz zuvor Nathan Hale gefangen genommen und gehenkt hatten. Aber es ist erstaunlich, wie viele amerikanische Historiker ein erheblich größeres Aufhebens um Andrés Tod machen als um Nathan Hales. Nathan Hale war ein armer Farmersohn, John André war ein eleganter britischer Aristokrat – klar. Man kann sich nur zu gut vorstellen, dass André in dem klassenbewussten Philadelphia, wo er stationiert war, »selbst von seinen Feinden betrauert« wurde.

Ich wurde regelrecht wütend, als ich sah, dass Henry Irving in der Westminster Abbey begraben liegt, aber Ellen Terry nicht. Henry Irving ist einer von diesen legendären Schauspielern, so wie Garrick, er war Ende des neunzehnten Jahrhunderts das Idol der Londoner. Ellen Terry war seine Partnerin auf der Bühne. In ihrem Briefwechsel mit Shaw entdeckte ich meine Sympathie für sie, und ich halte es für reinen männlichen Chauvinismus, dass Irving in der Abbey beerdigt ist, während Ellens Asche in der kleinen Actors' Church neben dem Covent Garden Market liegt – ich werde dort hingehen.

Ein Zeichen der Zeit: Über einer Grabplatte ist eine lange Bank aufgestellt, so dass man von der Inschrift nur noch lesen kann: »Rudyard Ki-«

Als wir draußen waren, kamen wir am War Office vorbei. Heute war es heiß – achtundzwanzig Grad Celsius, sehr heiß für London. Vor dem War Office in der heißen Sonne saß eine Wache auf einem Pferd. Der Mann hatte einen festen Messinghelm mit Nasenteil auf, der glühend heiß gewesen sein muss. Er trug eine schwere wollene Uniform, lange Lederhandschuhe und kniehohe Lederstiefel; er saß auf einer Sattelwolldecke aus Persianerfell, und in der Hand hielt er einen Speer, der sich in der Hitze leicht bog. Ausgerüstet wie für die russische Front, bewachte er mit dem gebogenen Speer an einem heißen Sonntag ganz allein die atomaren Geheimnisse des War Office. Er und sein Pferd mit der Felldecke.

Sheila sagte, er sei nur wegen Touristen wie mir da, er verkörpert das Bild von London, das wir so gerne vorgeführt bekommen. Vielleicht. Aber irgendwo weit weg in Wales konnte ich eine helle Stimme hören, die sagte:

»Das machen sie seit siebenhundert Jahren, jeden Abend, ohne Fehl.«

Auf dem Weg zum Abendessen in Highgate hielten wir am Waterlow Park; er liegt sehr hoch oberhalb der Stadt, und auf der Legende der Sonnenuhr lesen wir:

DIESE SONNENUHR IST MIT DER KUPPEL VON
ST. PAUL'S CATHEDRAL AUF EINER HÖHE.

Und wenn man über die Hügel blickt, ist die Kuppel in Augenhöhe.

Mitten im Park steht ein zweistöckiges Haus mit einem hohen Balkon, Sheila erzählte mir, dass Charles II. es für Nelly Gwyn gebaut hatte. Nelly gebar ihm dort einen Sohn und bat ihn immer wieder, dem Kind einen Titel zu geben, doch Charles zögerte. Eines Tages, als sie den König auf das Haus zureiten sah, trat Nelly mit dem Baby im Arm auf den Balkon und rief zu dem König hinunter:

»Wenn Sie Ihrem Sohn nicht auf der Stelle einen ordentlichen Titel geben, dann lasse ich ihn fallen!«

Und Charles II. rief aus:

»Madam, lassen Sie den Herzog von – nicht fallen!«, und so erhielt das Kind seinen Titel.

Später

Ena hat soeben angerufen, sie sind wieder da. Sie möchten, dass ich morgen Abend mit ihnen essen gehe und anschließend mit in ihre Wohnung komme. Sie und Leo holen mich hier um halb acht ab. Hier sagt niemand sechs Uhr dreißig oder sieben Uhr dreißig, hier sagt man immer halb sieben und halb acht. Und was bei uns »in« heißt, heißt hier »trendy«, ein »check« ist ein »cheque«, ein »newsstand« ist ein »kiosk«, die »subway« heißt hier »tube«, ein »cigar store« ist ein »tobacconist's«, ein »bus« ist ein »coach«, und wie Shaw einst bemerkte, sind wir zwei Länder, die von einer gemeinsamen Sprache getrennt sind. Ich gehe jetzt zu Bett, weil es Viertel nach zwölf ist.

Montag, 12. Juli

Oh, fabulöser Tag!

Von heute an werde ich *Reader's Digest* in alle meine Gebete einschließen. Ich holte meine Post an der Rezeption ab, und da war ein Brief von dem Londoner *Digest*-Büro, ich nahm an, der Fahnenabzug von dem neuen Text. Ich machte den Umschlag auf, und drinnen war ein Scheck über FÜNFZIG PFUND, ich dachte, ich würde auf der Stelle tot umfallen.

Ich spürte Mr. Otto auf und fragte, ob ich das Zimmer noch zehn Tage länger behalten könnte, und er war schockiert über die Frage. »Haben Sie geglaubt, wir würden Sie vor die Tür setzen?«, sagte er und schnalzte mit der Zunge.

Ich rannte raus und zu André Deutsch, um allen die gute Nachricht zu erzählen. Carmen sagte, Ann Edwards vom *Sunday Express* wolle am Mittwoch beim Lunch ein Interview mit mir machen.

»Und wissen Sie, wo? Im River Room im Savoy! Es ist der bezauberndste Ort in London, ich freue mich so sehr für Sie.«

Mr. Tammer konnte mir den Scheck nicht auszahlen, er sagte, so wie er ausgestellt sei, könne das nur eine Bank. Werde ihn morgen zu einer Bank bringen.

146

Ich rief Nora an und erzählte ihr die Neuigkeit, sie möchte am Freitag mir zu Ehren zu einem kalten Buffet einladen, damit ich all die Antiquare kennen lernen kann, sie hatte das schon früher vor, aber die meisten waren »in den Ferien«.

Joyce Grenfell rief wegen des Abendessens morgen Abend an, sie schickt mir einen Brief mit ausführlichen Anweisungen, wie ich mit dem Bus zu ihrer Wohnung finde. Ich bin beeindruckt, dass man innerhalb von London am Montag einen Brief losschicken und sicher sein kann, dass er am Dienstag ankommt. In New York kann man am Montag einen Brief an eine Adresse schicken, die nur einen Block entfernt ist, und vielleicht kommt er am Mittwoch an, höchstwahrscheinlich aber erst am Donnerstag.

Angesichts meines regen Gesellschaftslebens muss ich der Tatsache ins Auge blicken, dass ich nicht noch zwei Wochen mit nur einem Kleid überstehen kann. Gott segne den Democratic Club und meinen Bruder, ich mache mich mit dem Geschenkgutschein und dem restlichen Bargeld auf zu Harrods, Ena hat gesagt, dort gebe es Sommerkleider im Ausverkauf.

Später

Harrods' Ausverkaufspreise waren überteuert, meistenteils Midi-Skirts, die sie nicht losgeworden sind. Ich ging zu Harvey Nichols ganz in der Nähe, kaufte dort ein goldbraun-weißes Leinenkleid im Ausverkauf und ging wieder zu Harrods, wo ich den Geschenkgutschein gegen eine sandfarbene Schultertasche eintauschte. Packte alles um und warf meine alte Strohtasche bei Harrods in einen Papierkorb, sie ribbelt sich seit einer Woche auf.

Nahm mir ein Taxi zum Johnson House, nahm Lunch im Cheshire Cheese (Geld spielt bei mir keine Rolle) und ging beim *Evening Standard* rein, um Valerie – sie hatte am Tag meiner Ankunft ein Interview mit mir gemacht – zu erzählen, dass der *Standard* noch ein zweites Interview mit mir machen will. (Nach dem Motto: »Wie gefällt es Ihnen jetzt, da Sie eine Weile hier sind?«) Während ich dort war, brach die Schnalle an meiner Schultertasche. Valerie war schockiert; ich sagte: »Deswegen war sie also runtergesetzt.« Sie sagte: »Ja, aber nicht bei *Harrods*!« Niemand sagt bei uns »Bonwit's« in diesem Ton.

Sie schickte mich in einen kleinen Laden in einer Seitenstraße der Fleet Street, um sie reparieren zu lassen, und während der Mann die Schnalle reparierte, fragte ich ihn, ob er mir sagen könnte, wie ich am besten nach Bloomsbury käme, ich wolle zu Fuß zum Hotel gehen. Er sagte:

»Gehen Sie zur O-burn Street und immer an der Busstrecke entlang.«

Habe die O-burn Street gesucht, habe die Auburn Street gesucht und fand schließlich rein zufällig die Straße, die er meinte: High Holborn. Das ist also gemeint, wenn von Cockney die Rede ist.

148

Zeit, mich unter die sadistische Dusche zu hocken und in mein neues Kleid zu steigen, für Leo und Ena.

Mitternacht

Leo lud uns zum Essen in ein vornehmes Fischrestaurant ein. Die Schalentiere sehen hier genauso aus wie bei uns, schmecken aber ganz anders; das Krabbenfleisch und der Hummer sind hier fleischiger, aber fader im Geschmack, für einen amerikanischen Gaumen fast geschmacklos, bis man sich dran gewöhnt hat.

Wir fuhren zu ihrer Wohnung, und Ena zeigte mir ihre Porträts von Hayley Mills und Pamela Brown. Zu Pamela Brown habe ich eine besondere Zuneigung, die auf einen ganz, ganz alten englischen Film zurückgeht, *I Know Where I'm Going,* und ihre Bühnenrolle in Wildes *Ernstsein ist alles.*

Ich verstehe nichts von Malerei und weiß nicht einmal, was man sagt, wenn einem etwas gefällt, aber die Gesichter sprachen mich an. Ich war überwältigt und sagte zu Ena, es sei unanständig, so talentiert zu sein, wenn man hübsch und blond ist und aussieht, als wäre man gerade erst mit der Schule fertig.

Leo kündigte an, er werde mir seinen speziellen Sommerdrink machen, für den er berühmt sei, und er verzog sich in die Küche und klapperte mit den Utensilien und kam mit drei langen, großen Gläsern zurück. Normalerweise trinke ich nach dem Essen nicht, und ich mag keine Getränke mit Kohlensäure, deshalb kann ich einen Longdrink nicht von dem nächsten unterscheiden. Ich nahm einen Schluck und sagte:

»Das ist Ginger Ale, oder? Schmeckt gut.«

»Es ist Gin-Tonic«, sagte Leo, betroffen.

»Der Gin verliert sich irgendwie, kann das sein?«, sagte ich, und er stürzte in die Küche und kam mit der Ginflasche zurück. Ena schüttete sich aus vor hämischem, ehefraulichem Lachen.

»Das ist sein spezieller Drink, er ist so stolz darauf!«, keuchte sie und prustete wieder los. Mir war furchtbar zumute. Ich sagte zu Leo, mein Leben bestünde darin, immer genau das Falsche zu sagen. Er goss mir mehr Gin ins Glas, setzte sich und sah mir zu, wie ich trank. Als er dachte, ich hätte genügend intus, sagte er:

»Mein Kleines möchte Sie um einen Gefallen bitten.«

Ich sah Ena an und sagte: »Was für einen Gefallen?«, aber sie lächelte nur nervös. Und Leo sagte: »Sie möchte Sie malen.«

Und ich sagte: »Sie sind verrückt.«

Ich weiß, dass Künstler Flächen und Winkel auch in solchen Gesichtern sehen, die uns Übrigen eher gewöhnlich erscheinen – und ich begreife einfach nicht, warum jemand ein gewöhnliches, unauffälliges, mittelaltes Gesicht malen möchte. Das sagte ich zu Ena. In ihren Augen habe ich ein interessantes Gesicht, »es verändert sich laufend«. Ich sagte, ich wünschte, das wäre so.

Nie habe ich mich so in der Zwickmühle gefühlt.

Mein Leben lang habe ich es vermieden, fotografiert zu werden – und hier war Ena und fragte allen Ernstes, ob ich ihr bitte Modell sitzen könnte. Sie würde nur wenige Sitzungen brauchen, »vielleicht drei oder vier?«. Ängstliche Miene, Blick verlegen auf mich gerichtet.

Ich sagte, ich würde es unter zwei Bedingungen machen: Erstens, sie müsse mich auf dem Russell Square malen, ich setze mich nicht irgendwo in ein Studio, und zweitens, sie müsse mir versprechen, dass ich das Porträt nicht anzusehen brauche, weder während der Arbeit, noch wenn es fertig ist.

Sie stimmte beiden Bedingungen zu. Diese Woche beendet sie noch eine andere Arbeit, wir fangen nächste Woche an.

Dienstag, 13. Juli

Paranoider Vormittag.

Ich erhielt Joyce Grenfells Brief mit Anweisungen, wie ich abends zu ihrer Wohnung finde, aber nichts darüber, wie ich die Kirche St. Mary LeBeau in der Cheapside finde, wo sie mittags mit dem Pfarrer in einem Gespräch auftritt. Ich fand die Cheapside auf meinem Stadtplan und beschloss, den *Digest*-Scheck einzulösen und dann dorthin zu gehen.

Ich ging zur nächstgelegenen Bank, dann zu einer anderen auf der gegenüberliegenden Straßenseite. In beiden Banken waren sie schockiert, dass sie für eine völlig Fremde einen Scheck von *Reader's Digest* einlösen sollten, und würdigten meinen Ausweis keines Blickes. In beiden Banken weigerten sie sich, entweder bei *Digest* oder bei André Deutsch anzurufen, das sei nicht üblich.

Ich ging in eine dritte Bank, wo der Angestellte am Schalter mich an einen höheren Angestellten verwies, der sich mit einem Kollegen besprach und dann zu mir zurückkkam und fragte, ob es nicht besser sei, wenn ich den Scheck an meine Bank in New York schicken würde. Ich erklärte, dass ich das Geld hier brauchte, was ihn zutiefst schockierte. Man sagt zu einem Bankangestellten nicht: »Ich brauche das Geld.«

Meine Bank in New York sei die Chemical und ob es in London eine Zweigstelle gäbe, fragte ich. Zögernd sagte er ja, aber er bezweifle, ob die Londoner Zweigstelle den Scheck einlösen würde. (Er sagte »könne«.) Ich ging zu der Chemical-Zweigstelle – und die wollten, außer meinen Zähnen, alles sehen, und schließlich haben sie mir den Scheck ausgezahlt. Nichts bringt mich mehr in Rage als die freundliche, volksnahe Banken-Reklame in Zeitschriften oder im Fernsehen. Alle Banken, die ich betreten habe, sind ungefähr so volksnah wie eine Kobra.

Inzwischen blieb mir nur noch eine knappe halbe Stunde, um zur Cheapside zu kommen. Ich stieg in einen Bus und stellte fest, dass ich meinen Stadtplan vergessen hatte. Ich sagte dem Schaffner, dass ich zur Kirche St. Mary LeBeau in der Cheapside gehen wolle, und er ließ mich bei St. Paul's raus, zeigte in die Ferne und sagte:

»Gehen Sie ein bisschen in die Richtung und biegen Sie dann links ab.«

Ich ging ein bisschen in die eine Richtung und bog links ab und ging ein bisschen in die andere Richtung und bog links ab und bog rechts ab und fragte sechs Leute nach dem Weg, die aber alle selbst Touristen waren. Ein Bus kam langsam um die Ecke, und ich rief dem Schaffner zu, ob er mir sagen könne, wie ich zu St. Mary LeBeau komme, und er rief mir zu:

»Tut mir Leid, Herzchen, heute ist mein erster Tag!«

Ich wünschte ihm Glück, warum auch nicht, und

ging weiter. Fand drei falsche Kirchen, eine Goldsmith's Hall und eine Menge interessanter kleiner Straßen, aber keine St. Mary Le Beau. Inzwischen war das Kirchengespräch ohnehin vorbei, und ich verkroch mich in einen verräucherten kleinen Pub und aß, bis meine gute Laune wiederhergestellt war.

Mitternacht

Joyce begrüßte mich an der Tür und führte mich an den Wohnzimmerwänden entlang, an denen die Familienporträts und Fotografien der Grenfells und Langhornes hängen. Ihre Mutter war eine der Schwestern der Langhorne-Familie aus Virginia. Eine Schwester heiratete Charles Dana Gibson und war das ursprüngliche Gibson-Girl, eine andere heiratete Lord Astor und war die berühmte Lady Astor, MP, und die dritte heiratete den Vater von Joyce.

Sehr wenige Theaterfotos an der Wand. Ihr größter Stolz ist eins von der Markise am Haymarket-Theater mit ihrem Namen in Leuchtschrift darauf. Beim Haymarket gibt es eine Regel, wonach der Name des Stars nicht in Leuchtschrift erscheinen darf, sondern nur der Titel des Stücks. Aber als Joyce ihre Ein-Mann-Show dort aufführte, war sie nicht nur der Star, sie war auch die Show.

Sie gab mir eine Biographie von Florence Nightingale und meinte, sie würde mir gefallen. Sie stellt den Wecker jeden Morgen auf sechs Uhr und liest bis sieben im Bett; sie sagte, wenn sie sich das nicht angewöhnt hätte, würde sie nie etwas lesen. Aber so kommt es mir vor, als hätte sie alles gelesen.

Ich bin immer beschämt, wenn ich feststelle, wie belesen andere sind und wie unwissend ich im Vergleich bin. Keiner würde glauben, wie lang die Liste der berühmten Werke und Autoren ist, die ich nicht gelesen habe. Ich habe das Problem, dass ich in der Zeit, in der andere fünfzig Bücher lesen, das gleiche Buch fünfzig Mal lese. Ich lege es erst beiseite, wenn ich am Ende von, sagen wir, Seite 20 weiß, dass ich die Seiten 21 und 22 aus dem Gedächtnis aufsagen kann. Erst dann lasse ich das Buch ein paar Jahre liegen.

Nach dem Essen machten wir eine Tour durch Chelsea, und sie zeigten mir das Haus, in dem sie geheiratet haben. Joyce erzählte, sie würden sich praktisch von Kindheit an kennen.

»Ich war siebzehn und Reggie hatte gerade seinen Abschluss in Oxford gemacht. Als ich das erste Mal mit ihm Tennis spielte, trug ich noch Zöpfe. Ich habe mein Haar nur abends hochgesteckt.«

Sie fuhren mit mir in die alte City of London und zeigten mir St. Mary LeBOW. So schreibt man sie nämlich. Nur die Engländer können ein »Bow« an ein »Le« hängen. Es war so dunkel, dass ich nicht sehen konnte, wo ich mich am Morgen verirrt hatte.

Die ganze Zeit führten die beiden ein freundliches Streitgespräch darüber, was sie mir noch zeigen wollten.

»Oh, nicht St. Paul's, Schatz, die hat sie doch schon gesehen.«

»Aber vielleicht würde sie sie gern erleuchtet sehen, ReGEE!«

»Wahrscheinlich hat sie sie ein Dutzend Mal erleuchtet gesehen, warum zeigst du ihr nicht Fleet Street?«

Ich meldete mich vom Rücksitz und sagte, ich würde gern die Londoner Slums sehen.

»Ich fürchte, es gibt keine«, sagte Joyce sanft.

Zählt man das zu der Tatsache, dass die medizinische Versorgung in Großbritannien umsonst ist, dann weiß man genug, um den Unterschied zwischen Kapitalismus und Sozialismus zu verstehen.

Mittwoch, 14. Juli

Ann Edwards vom *Sunday Express* ging mit mir zum Lunch ins Savoy und wollte mir einfach nicht glauben, dass ich von London nicht enttäuscht war.

»Als ich hörte, dass Sie kommen«, sagte sie, »wollte ich Ihnen fast schreiben: ›Meine Liebe, kommen Sie nicht, Sie kommen fünfzehn Jahre zu spät.‹«

Zu spät wofür? Für Westminster Abbey?

Wenn man sein Leben lang davon geträumt hat, die Abbey und St. Paul's und den Tower zu sehen, und steht eines Tages tatsächlich davor, dann können sie einen nicht enttäuschen, versuchte ich ihr zu erklären. Ich sagte, nach unserem Lunch würde ich endlich St. Paul's besichtigen und ich könne ihr garantieren, dass ich nicht enttäuscht sein würde. Aber sie lebt schon ihr ganzes Leben in London und sehnt sich nach der Zeit zurück, als ihre Familie einen Rolls Royce ihr Eigen nannte, »der jedes Mal, wenn er ansprang, leise hustete, wie ein vornehmer Diener«.

Der Savoy River Room ist wunderschön, und das Essen war köstlich. (Claridge's gefällt mir besser, aber ich idealisiere Claridge's.) Bestellte Krabbenfleisch und Hummer und schaffte keins von beiden, die Portionen waren enorm, am Schluss aß ich trotzdem Erdbeeren mit Sahne. Die englische Sahne kann einen süchtig machen – und jedes Mal, wenn ich hier Erdbeeren esse, muss ich an den englischen Geistlichen denken, der sagte:

»Zweifellos hätte Gott eine bessere Beere machen können als die Erdbeere, und zweifellos hat er es nie getan.«

Nach dem Essen ging sie mit mir zum Embankment und zeigte mir den kürzesten Weg zu St. Paul's.

Es war sehr schön, am Fluss entlangzugehen, vor mir immer der gewaltige Anblick von John Donnes Kathedrale. Dachte über ihn nach, während ich so ging, der einzige Mann, meines Wissens, der tatsächlich durch die Liebe einer guten Frau vom Taugenichts zu einem guten Menschen wurde. Er war mit der Tochter des Lord Lieutenant des Towers durchgebrannt, und ihr aufgebrachter Papa warf sie beide dafür in den Tower. John war in einem Flügel, seine Braut in einem anderen, und er schickte ihr ein Briefchen, dem ich entnehmen kann, dass sein Name wie »dann« ausgesprochen wird. Der Text lautete:

John Donne
Anne Donne
Undone.

(Undone – vorbei.) Außerdem war er ein bisschen wunderlich. Als Anne starb, ließ er sich ein steinernes Leichentuch machen und schlief zwanzig Jahre lang mit diesem Leichentuch im Bett. Wenn man wie ein Engel schreibt, darf man ruhig ein bisschen schrullig sein.

Ich erklomm die Stufen der St. Paul's Cathedral – endlich, endlich, nach wie vielen Jahren? – und trat durch das Portal, ich stand da und hob den Blick zu dem Kuppeldach und blickte den breiten Mittelgang entlang zum Altar und versuchte mir vorzustellen, wie Donne sich an dem Abend gefühlt haben mochte, als King James nach ihm schickte. Und wenigstens in diesem Moment hätte ich nur ungern die vielen hundert Bücher, die ich nicht gelesen habe, gegen die Hand voll von Büchern, die ich fast auswendig kenne, getauscht. Ich habe Waltons *Lebensbild von Donne* seit bestimmt zehn Jahren nicht mehr aufgeschlagen, aber in dem Moment, als ich in John Donnes Kathedrale stand, hatte ich die ergreifende Textstelle in meinem Kopf parat:

Als seine Majestät Platz genommen hatte, sagte er in seiner freundlichen Art: »Dr. Donne, ich habe Sie zum Essen zu mir gebeten, und obwohl Sie sich nicht zu mir setzen, werde ich Ihnen ein Gericht servieren, das Sie, wie ich weiß, sehr gern mögen. Denn da ich weiß, dass Sie London lieben, mache ich Sie hiermit zum Dean von St. Paul's, und wenn ich gespeist habe, dann nehmen Sie Ihr Lieblingsgericht mit sich nach Hause in Ihr Studierzimmer und sprechen ein Dankgebet ganz für sich, und möge es Ihnen wohl bekommen.«

Und Eliza Dolittle hätte jetzt gesagt: »Wetten, dass ich es richtig gesagt habe?«

Mehrere Fremdenführer hatten große Gruppen von Touristen im Schlepptau, und jeder hielt den üblichen

Vortrag, einige auf Englisch, einer auf Französisch und einer auf Deutsch, und die montonen Stimmen rieben sich aneinander. Ich hielt mich so weit abseits von ihnen wie möglich und ging allein umher. Ich schritt den einen Seitengang zum Altar entlang und sah mir die Plaketten und Büsten an, ging um den Altar herum und machte mich auf der anderen Seite auf den Rückweg, wo ich mir weitere Plaketten und Büsten ansah. Und trotzdem wäre es mir beinahe entgangen. Es hat eine merkwürdige Form, weder Büste noch menschengroße Statue, und ich blieb stehen, um die Inschrift zu lesen. Hier, vor mir, an einer Wand in St. Paul's Cathedral, war das steinerne Leichentuch von John Donne.

Ich berührte es.

Gleich beim Hauptportal gibt es eine kleine Kapelle mit einem Schild, auf dem steht: »St. Dunstan's Chapel. Für stille Andacht.« Ich ging hinein und sprach ein Dankgebet.

Gar nicht fünfzehn Jahre zu spät.

Donnerstag, 15. Juli

Ken Ellis von *Reader's Digest* London kam heute Morgen und brachte seine hübsche Assistentin und einen Fotografen mit, der mich fotografieren sollte. Ich zierte mich wie üblich, aber ohne rechte Überzeugung (ich säße genau jetzt in einem Flugzeug und flöge über den Atlantik, wenn *Reader's Digest* nicht wäre), trottete gefügig hinter ihnen her zur 84, Charing Cross Road und ließ mich auf der Fensterbank in dem kahlen, leeren Raum im Obergeschoss fotografieren. Ken sammelte alle abgefallenen und rostigen weißen Buchstaben für mich auf, die einst Marks & Co. ergeben hatten. Ich möchte sie mit nach Hause nehmen.

(Und an einem Tag im September, wenn ich meinen Herbstputz mache und sie mir in die Hände fallen, werde ich mich fragen: »Was willst du damit – willst du Tränen darüber vergießen, wenn du eine alte Dame bist?«, und sie dann wegwerfen.)

Sie führten mich zum Lunch ins Wheeler (das berühmte Fischrestaurant, in das man ständig ausgeführt wird), und Ken erklärte mir, warum die Menschen das neue Geld nicht mögen. Es hat mit dem Bedürfnis der Engländer zu tun, sich von anderen abzuheben. Das Dezimalsystem ist viel einfacher als das alte Ha'penny-

Tupenny-Guinea-Tenner-Tanner-System, aber das alte Geld war ihres; es gab kein anderes Land, das dieses System hatte, und niemand sonst konnte es verstehen. Er sagte, das sie aus dem gleichen Grund auch nicht der EG beitreten wollten. Sie wollten nicht ein Teil von Europa sein, sie wollten getrennt sein, anders, wollten eine Sonderstellung haben. Er veranschaulichte das mit einer alten Schlagzeile, die zu einem klischeehaften Witz in England geworden ist. Während einer Schlecht-Wetter-Phase, als die ganze Insel in dichten Nebel gehüllt war, lautete die Schlagzeile in einer der englischen Zeitungen: KONTINENT DURCH NEBEL ISOLIERT.

Heute Abend gehe ich mit den Elys essen, und gerade rief Jean an, um zu sagen, das Connaught sei sehr altmodisch und dulde keine Frauen in Hosen in seinem Restaurant; ich sagte voller Würde, dass ich zwei Kleider besäße.

Elf Uhr abends

Das Connaught ist in der Nähe vom Grosvenor Square, deshalb habe ich mir dort erst das Roosevelt Memorial angesehen. Jemand hat mir erzählt, die britische Regierung habe nach Roosevelts Tod beschlossen, das Geld für ein Denkmal durch eine öffentliche Subskription aufzubringen und den einzelnen Beitrag auf einen Shilling zu begrenzen, damit jeder sich daran beteiligen könne. Man kündigte an, die Subskription werde so lange ermöglicht, bis die Summe in Ein-Shilling-Beiträgen beisammen sei.

Die Subskription wurde nach siebenundzwanzig Stunden geschlossen.

Ich fand die Geschichte ergreifender als das Denkmal. Es stellt FDR dar, aufrecht, eine Hand am Stock, und mit wehendem Cape. Seine Züge sind erkennbar, aber sein Wesen und seine Persönlichkeit sind nicht getroffen. Und ich nehme ihnen die Statue von einem stehenden FDR übel, auf Beinen, die während seiner ganzen Zeit im Weißen Haus verkrüppelt und nutzlos waren. Man kann Roosevelts enorme Leistung nicht ermessen, wenn man die Tatsache, dass er vom Bauch abwärts gelähmt war, außer Acht lässt. Ich würde ihn als sitzende Skulptur meißeln, mit der Decke, die er immer über die Knie legte, um seine verkümmerten Beine zu verstecken. Alles andere ist eine Geringachtung des Edelmuts und des Humors in seinen unerschrockenen Gesicht. Da bei dieser Statue Edelmut und Humor ohnehin nicht zum Ausdruck kommen, ist es auch wiederum unerheblich. Aber es ist schön, dass so viele Engländer ihn geliebt haben.

Jean und Ted Ely erstaunen mich immer aufs Neue. Sie hatten mich in New York zum Essen eingeladen, nachdem sie mein Buch gelesen hatten. Sie wohnen in einer sehr eleganten Wohnung an der Fifth Avenue, überall glänzendes Mahagoni und alte Teppiche und warme Farben, und ich fand, dass sie das schönste Paar sind, das ich kenne. Beide sind schlank und aufrecht, beide haben dichtes graues Haar, ebenmäßige Züge und heitere, glatte Gesichter – und als Jean mir nebenbei erzählte, dass sie beide Mitte siebzig seien, war ich wie vor den Kopf geschlagen. Sie sind so unglaublich attraktiv und von der Zeit unberührt wie die Eltern einer Debütantin in einem Film aus den dreißiger Jahren.

Beim Abendessen sprachen wir von P. B.. Ich habe ihm ein Briefchen geschickt und ihm erzählt, dass ich zwei Wochen länger bleibe, Jean sagte, dass er vielleicht einen Ausflug mit uns dreien macht.

Ich wurde von einer Limousine mit Fahrer zum Hotel gefahren; wie soll ich mich bloß wieder an das Leben in der Second Avenue gewöhnen, wenn ich nach Hause komme? Ena rief an und fragte, ob mir Sonntagmorgen passen würde und ich Zeit für sie hätte. Worauf ich mich so einlasse, wenn ich ein wenig Gin getrunken habe!

Freitag, 16. Juli

Bin gerade zurück von Noras kaltem Buffet – zu dem ich mit einer Verspätung von anderthalb Stunden eintraf, und ich war der Ehrengast, ich muss schon sagen, der Abend begann katastrophal.

Nora hatte morgens angerufen und gesagt, dass mich ein Wagen um sieben Uhr fünfzehn abholen würde, also saß ich wie immer um sieben ausgehfertig in der Halle und wartete. Kein Wagen kam um sieben Uhr fünfzehn, kein Wagen kam um sieben Uhr dreißig, und um sieben Uhr fünfundvierzig beschloss ich, dass Noras Freunde vergessen hatten, mich abzuholen, und rief Nora an. Sie sagte, sie habe mir ein Taxi bestellt, damit ich »stilgemäß vorfahren würde«. Das Taxi kam nie an. Sie sagte, ich solle auf der Straße ein Taxi anhalten und zu ihr kommen.

Ich ging auf die Straße und hielt ein Taxi an und setzte mich hinein. Doch der Norden Londons ist vom Zentrum ungefähr so weit weg wie das äußerste Ende Brooklyns von Manhattan, und die Londoner Taxifahrer ähneln in grimmiger Weise New Yorker Taxifahrern. Ich gab dem Fahrer Noras Adresse, und er sah mich mit stierem Blick an.

»Ich weiß nicht, wo das ist, Madam«, sagte er mit

tonloser Stimme. Voller Unschuld erklärte ich ihm, das sei in Highgate. Jetzt starrte er vor sich hin und wiederholte mit derselben ausdruckslosen Stimme:

»Ich weiß nicht, wo das ist, Madam.«

Ich verstand die Botschaft, stieg aus, wartete zehn Minuten auf das nächste Taxi und stieg ein. Ich gab dem Fahrer Noras Adresse, und wir spielten das gleiche Spiel noch einmal. Diesmal war der Fahrer allerdings so begierig, sich aus dem Staub zu machen, dass er Gas gab, bevor ich richtig ausgestiegen war, und ich fiel hin und schürfte mir das Bein auf. Da stand ich also mit blutüberströmtem Bein, es war acht Uhr fünfzehn, und um sieben Uhr dreißig hatte ein Essen zu meinen Ehren angefangen. Ich konnte nicht auf mein Zimmer gehen, mir die Wunde säubern und neue Strümpfe anziehen, weil ich dann noch einmal fünfzehn Minuten später dran gewesen wäre.

Ich ging in die Halle und fragte den Mann an der Rezeption, und der sagte, was ich bräuchte, sei ein Minicab, die würden überall hinfahren. Minicabs in London entsprechen dem New Yorker Limousine Service (und sind genauso teuer). Er rief für mich den Mincab Service an, und der Wagen fuhr zehn Minuten später vor. Der Fahrer sagte, sein Name sei Barry, er mache ein Praktikum im Krankenhaus und fahre Minicab, um sich nebenher etwas Geld zu verdienen. Er bretterte durch die Hügel von Nord-London, als wolle er uns beide ins Grab bringen, doch was soll's, er hat mich zum Ziel gebracht, und die Fahrt hat sehr viel Spaß gemacht.

Er erzählte mir, er habe an der McGill-Universität in Kanada studiert und im Sommer in Manhattan gearbeitet. An seinem ersten Tag in New York stand er plötzlich auf der Verkehrsinsel an der Kreuzung von Broadway und der zweiundvierzigsten Straße, er hatte keine Ahnung, wo er war, wollte aber zum Times Square. Er sah einen Polizisten, der den Verkehr regelte, und weil Barry ihn nach dem Weg fragen wollte, stellte er sich hinter ihn und tippte ihm auf die Schulter. Worauf der Polizist, der Tradition von Höflichkeit und Hilfsbereitschaft der feinen New Yorker Polizei zur Ehre gereichend, sich umdrehte und Barry den Lauf seiner Pistole in den Bauch stieß.

»Ich wollte nur nach dem Weg zum Times Square fragen, Sir«, sagte Barry.

»So, so«, sagte der Polizist.

»Ich bin Tourist, ich kenne mich nicht aus«, erklärte Barry, »ich bin Engländer.«

»Mach Sachen«, sagte der Polizist, der seine Pistole nach wie vor an Barrys Bauch hielt. Also gab Barry auf und sagte:

»Sir, wenn Sie mich erschießen wollen, dann treten Sie bitte zurück, damit Sie nicht die vierhundert Menschen hinter mir gleich mit umbringen.«

Der Polizist ließ ihn gehen, und Barry überquerte die Straße und fragte einen Passanten nach dem Weg zum Times Square. Der Passant überlegte eine Weile und antwortete dann: »Gehen Sie einen Block weiter und biegen Sie links ab, gehen Sie wieder einen Block, dann links und noch einen Block und wieder links, und Sie sind da.«

Also ging Barry einmal um den Block und entdeckte auf diese Art und Weise, dass er schon die ganze Zeit auf dem Times Square gestanden hatte. Er hatte sich einen englischen Square vorgestellt – mit einer Grünanlage in der Mitte. Der Passant hingegen wusste nicht, dass man in London einen Block gehen und links abbiegen, noch einen Block gehen und links abbiegen und noch einen Block gehen und links abbiegen kann, ohne wieder an den Ausgangspunkt zu gelangen.

Er hat die Encyclopaedia Britannica und Füllfederhalter von Haus zu Haus verkauft. Die meisten Hausfrauen schlugen ihm die Tür vor der Nase zu (»Oftmals musste ich rufen: ›Madam, würden Sie bitte die Tür aufmachen, damit ich meine Krawatte rausziehen kann‹«), deswegen gab er das auf und ging dazu über, Füllfederhalter bei Woolworth vorzuführen. Er entdeckte, dass man das System zu seinen Gunsten nutzen konnte, indem man sich besonders gut anstellte und dadurch zum Ausbilder befördert wurde. »Wenn man anderen beibrachte, wie man die Ware vorführt, durfte man sich wenigstens hinsetzen«, erklärte er.

Er setzte mich bei Nora ab und sagte, er würde mich um Mitternacht wieder abholen und in die Stadt bringen.

Ich hätte Nora umbringen können, weil sie den anderen Gästen nicht gesagt hatte, dass ich seit sieben Uhr fünfzehn auf das Taxi gewartet hatte. Eine Frau sprach mich an und sagte höflich: »Dürfte ich Sie fragen, was Sie so lange aufgehalten hat?«, und ich war dermaßen sprachlos, dass ich nicht antworten konnte und mit Sheila in den ersten Stock entkam, wo ich mich in ihrem Zimmer versteckte, bis ich mich wieder gefangen hatte. Ich kann keine Haltung bewahren.

Die Antiquare erheiterten mich mit Geschichten aus der Branche. Sie erzählten, dass es nach dem Krieg zu viele Bücher und nicht genügend Buchhandlungen gegeben habe, so dass die Händler in London Hunderte von Büchern in den offenen Bombenkratern VERGRUBEN! Heute wären die vergrabenen Bücher ein Vermögen wert, wenn man sie wieder ausgraben könnte, das heißt, wenn man die neuen Gebäude abreißen und die neuen Straßen aufreißen könnte. Plötzlich hatte ich die Vorstellung von einem Atomkrieg, der alles in der Welt zerstört, nur hier und da liegt ein altes Buch, das aus der Tiefe Londons emporgeschleudert worden war.

Jeder gab mir ein kleines Geschenk, und ich glaube, in einem Fall habe ich einen Fauxpas begangen. Eine sehr charmante Frau, die mit alten Handschriften handelt, gab mir ein wunderhübsch gebundenes Notizbuch. Ich brauchte eins, da ich mein altes in einen Terminkalender umgewandelt hatte, und als einer der Händler vom Antiquariat Quaritch mir seinen Namen und seine Adresse gab, schrieb ich sie in das Notizbuch. Aus dem Schweigen, das darauf folgte, entnahm ich, dass es eine Art von Entweihung war, in das Notizbuch zu schreiben. Mir kam der schreckliche Gedanke, dass das Notizbuch eine von diesen Antiquitäten war, die man nicht benutzen, sondern nur ansehen soll. Was soll ich mit einem Notizbuch, das ich nicht benutzen kann? Immer wieder setze ich mich auf diese Weise in die Nesseln.

Barry klingelte um Punkt zwölf und fuhr mich zum Hotel. Er sagte, ich solle ihn mal in seinem Krankenhaus besuchen, wenn ich je in der Gegend wäre, es sei das St. Bartholomew's, sagte er, und ich solle bei dem Henry-VIII.-Tor reingehen und mir die Kapelle ansehen, sie sei schön. Ich schrieb seinen Namen – Barry Goldhill – in das entweihte Notizbuch und fragte ihn, was sein Fachgebiet sei. Er sagte: »Gynäkologie.« Ich sagte: »Zu spät, Schätzchen, da kann ich dir nichts mehr bieten.«

Samstag, 17. Juli

Ein Brief für mich, Absender Rutland Gate. Er ist zurück.

Erwarte Sie hier am Montag, 19., Punkt elf zum Sherry
mit Charles II. und Lunch mit Charles Dickens.
In Eile –
P. B.

Ich hielt es für angeraten, mir schnell einige Kenntnisse über Dickens anzueignen, und ging nach dem Frühstück zum Dickens House in der Doughty Street. Es ist nicht weit entfernt vom Russell Square, aber bisher hat mich Dickens nicht genügend interessiert, deswegen bin ich nicht hingegangen – was man hier aber niemandem sagen darf, es ist geradezu ketzerisch, Dickens nicht zu mögen, denn hier ist Dickens der nationale Hausgott.

Abgesehen von P. B. hat kein einziger Londoner mir gegenüber je Shakespeares Pub erwähnt. Keiner spricht von den Orten in der Stadt, die an Pepys erinnern, niemand erwähnt die Wimpole Street – und niemand weiß, wovon man spricht, wenn man nach dem Haus fragt, in dem Shaw seine »grünäugige Millionärin« umwarb. Aber jeder in London kann einem sagen, wo Mr. Pickwick gespeist hat und wo der Old Curiosity Shop ist, und ständig bekommt man zu hören: Sie müssen sich unbedingt das Haus in der Doughty Street ansehen, wo *Oliver Twist* geschrieben wurde, und: Das hier ist Camden Town, wo Bob Cratchit gelebt hat, und: Der Portier zeigt Ihnen, wo Dickens *Große Erwartungen* geschrieben hat.

Doughty Street gehört zu den Straßen mit diesen hübschen, schmalen Backsteinhäusern, von denen ich jedes Mal ergriffen bin. Das Dickens House ist größtenteils noch so möbliert wie zu seinen Lebzeiten, und in dem Zimmer hinten im Haus, wo er gearbeitet hat, steht eine vollständige Erstausgabe seiner Werke. Überall gibt es dicht an dicht Vitrinen mit Dickens-Erinnerungsstücken – Briefe, Zeichnungen, Cartoons, Theaterprogramme, wo sein Name unter den Darstellern auftaucht. (Wusste gar nicht, dass er ein so begeisterter Amateurschauspieler war.) Alle Touristen, die das Haus besichtigten, die meisten aus dem »Vereinigten Königreich«, kannten alle Gestalten und Episoden, die in den Zeichnungen und Cartoons dargestellt wurden. Einfach unglaublich.

Zum Lunch ging ich ins Tanjar, das Curry-Restaurant in der Charlotte Street, und streifte dann auf der Suche nach Ellen Terrys Asche in Covent Garden umher. Die Kirche heißt St. Paul's Covent Garden, aber wenn man bei den Markthallen ankommt, ist da keine Kirche. Ich wanderte umher, blickte auf meinen Stadtplan und wieder auf Covent Garden Market vor mir. Ein junger Mann mit einem braunen Bart rauschte an mir vorbei, wirbelte herum, kam zurück und fragte:

»Verirrt, Teuerste?«

Ich sagte, ich suche die Schauspieler-Kirche, und er fragte: »Sind Sie Schauspielerin?«

Ich sagte nein, aber ich sei in meiner Jugend eine erfolglose Stückeschreiberin gewesen und hätte den Briefwechsel zwischen Shaw und Terry mit Vergnügen gelesen und wolle nun Ellen Terrys Asche sehen.

»Wie liebenswert von Ihnen«, sagte er. »Außer anderen Theaterleuten guckt sich niemand unsere Kirche an.«

Er ist Schauspieler. Ohne Arbeit. Er sagte: »Gehen Sie einfach weiter um die Markthallen herum, bis Sie zu einer schmalen Straße kommen, überqueren Sie sie und gehen Sie um die Ecke, und dann sehen Sie die Kirche.«

Ich dankte ihm und wünschte ihm Glück, und er sagte: »Ihnen auch viel Glück, Teuerste«, und rauschte davon – und als ich ihm nachsah, ärgerte ich mich über mich selbst, weil ich ihn nicht nach seinem Namen gefragt hatte. Die Menschen sollten nicht in das Leben anderer hineinrauschen und nach zehn Sekunden wieder entschwinden, ohne auch nur ihren Namen zu hinterlassen. Wie Mr. Dickens einmal sagte: Wir sind schließlich alle miteinander unterwegs zum Grab.

Ich bahnte mir einen Weg durch das faulende Obst und Gemüse, das auf dem Bürgersteig vor den Hallen lag, ging zur Ecke und kam zu der schmalen Straße, eine Art offener Platz, auf dem die Gemüsewagen parkten und lauter Gemüseabfälle herumlagen. Ich überquerte die Straße und bog um die Ecke, und da war sie – eine kleine Kirche in einem grünen Kirchhof mit einem Garten dahinter.

Die Kirche war leer. Wofür ich dankbar war. Ich bin emotional, und wenn man emotional ist, weiß man nicht, was einen plötzlich zu Tränen rührt. Ich dachte, Ellens Asche könnte diese Wirkung auf mich haben.

Auf einem Tisch lag ein Stapel fotokopierter Blätter, und ein Schild forderte Besucher auf, sich zu setzen und ein Blatt zu lesen, damit man »eine Vorstellung davon bekommt, wo man ist«. Die Kirche wurde 1630 von Inigo Jones erbaut. William S. Gilbert wurde hier getauft, Wycherley ist hier begraben, Davy Garrick ist hierher zum Gottesdienst gegangen – und Professor Enry Iggins erblickte hier zum ersten Mal Eliza Doolittle, als sie unter dem Kirchenvordach im Regen ihre Blumen verkaufte.

Ich ging an der rechten Wand entlang und las die Plaketten, die an tote Schauspieler und Komponisten erinnern. Fast am Ende der Mauer, beim Altar, in einer Nische hinter einem Eisengitter, stand eine auf Hochglanz polierte silberne Urne mit Ellen Terrys Asche. Zu meiner Überraschung musste ich beim Anblick der Urne lächeln, es war ein heller, freundlicher Anblick.

Ich durchquerte das Kirchenschiff und ging an der linken Wand entlang und las die Plaketten bis hin zum

Portal. Unmittelbar beim Portal, als ich gerade hinaus-
gehen wollte, stieß ich auf eine der neueren Plaketten:
Vivien Leigh, gest. 1967
und war plötzlich zu Tränen gerührt.

Sonntag, 18. Juli

Habe Modell gesessen.

Ena holte mich mit einem klappernden Lieferwagen ab, fuhr mit mir zum Russell Square und parkte am Eingang. Der Lieferwagen hat Schiebetüren, die ich natürlich nach außen aufzumachen versuchte, wobei beinahe sowohl die Tür als auch mein Arm zu Bruch gegangen wären. Ena krümmte sich vor Lachen und sagte: »Genau wie Leo!« Anscheinend kommt er mit diesen mechanischen Dingen auch nicht zurecht.

Ich stieg aus und sie gleich hinter mir, winzig wie sie ist, und schleppte eine ein Meter achtzig große Staffelei, einen ein Meter fünfzig großen Kasten mit Farben, eine Palette, ein paar Zeitschriften und ein Radio von der Größe eines tragbaren Fernsehers. Ich durfte nicht helfen: Das Modell darf nichts heben oder tragen.

Wir stellten Stühle auf – einen Liegestuhl für mich, einen mit gerader Lehne für sie –, und ich war überrascht und erleichtert, zu erfahren, dass man, wenn man Modell sitzt, nicht bewegunslos in der gleichen Haltung verharren muss. Ena sagte, ich könne mich zurücklehnen, aufrecht hinsetzen, strecken und bewegen und rauchen, solange ich nur in ihre Richtung blickte. Dann erklärte sie mir lang und breit, wie man das Radio bediente, und es stellte sich heraus, dass sie Radio und Zeitschriften eigens für mich mitgebracht hatte, damit ich mich nicht langweilte. Das kam mir komisch vor.

»Auf dem Russell Square wird mir bestimmt nicht langweilig und mit Ihnen auch nicht«, sagte ich. »Können wir uns nicht unterhalten, während Sie arbeiten?«

»Oh, das wäre wunderbar«, sagte sie. »Normalerweise sprechen meine Modelle nicht mit mir. Sie sitzen da und schweigen, Stunde um Stunde.«

»Das wird Ihnen mit mir nicht passieren«, sagte ich.

Mein Freund, der die Gebühr für die Stühle kassiert, kam zu uns, stellte sich hinter sie und sah ihr beim Malen zu. Desgleichen zwei englische Damen, ein indischer Student und ein jamaikanischer Herr mittleren Alters mit einem Spazierstock.

»Wie kommt sie voran?«, fragte ich sie aus reiner Freundlichkeit. Aber die direkte Frage schien sie verlegen zu machen, und sie murmelten »sehr gut« und »sehr schön« und verdrückten sich. Ena dankte mir, sie sagte, Zuschauer machten sie nervös. Von da ab war es also meine Funktion, die Bürgersteig-Inspizienten, wie sie in New York genannt werden, zu verscheuchen. In London vertreibt man sie, wenn man sie anspricht. In New York dagegen erfährt man gleich ihre Lebensgeschichte.

Es ist faszinierend, eine Porträtmalerin bei der Arbeit zu beobachten. Ena saß auf ihrem Stuhl, ihr rotweiß kariertes Kleid bauschte sich um sie herum, sie war entspannt, erzählte, lachte, stellte Fragen, während sie malte – und die ganze Zeit sprangen ihre Augen unglaublich flink von meinem Gesicht zur Staffelei zu meinem Gesicht, zurück zur Staffelei, wieder zu meinem Gesicht und zur Staffelei, auf-ab, auf-ab, auf-ab, in Bewegungen, die so schnell und präzise und rhythmisch waren wie die eines Metronoms bei schneller Geschwindigkeit. Stunde um Stunde redete und lachte und malte sie, und das rasche Auf-und-ab-Hüpfen der Augen hörte nicht einen Moment auf. Ich probierte es selbst einmal aus, aber nach zwanzig Sekunden waren meine Augenmuskeln lahm.

Sie malte bis ein Uhr, dann fuhren wir nach Kensington zum Lunch. Auf dem Weg versuchten wir es erst gar nicht, uns zu unterhalten, der Lärm von dem Lieferwagen war so ohrenbetäubend wie die New Yorker Subway. Englische Autos sind angenehm leise, wenn sie auf der Straße an einem vorbeifahren, aber sehr laut, wenn man drinnen sitzt. Amerikanische Autos sind das genaue Gegenteil.

Zum Lunch gingen wir in ein kleines italienisches Lokal in der Nähe von ihrer und Leos Wohnung, das sich Panzer's Pasta and Pizza nennt, ihr Lieblingslokal in der Nachbarschaft. Der Martini war der beste, den ich bisher in London getrunken habe, und das Hühnchen mit Knoblauchbutter können sie mir im Himmel servieren.

Ena war entsetzt, dass ich bisher nicht in einem einzigen Museum war, und bestand darauf, mich nach dem Lunch zur National Portrait Gallery zu schleppen – wo ich von mir selbst überrascht war, weil ich bei der Begegnung mit alten Freunden von Angesicht zu Angesicht ganz aus dem Häuschen geriet. Charles II. sieht aus wie ein lüsterner alter Mann, und das war er auch, Maria Stuart sieht aus wie die Hexe auf einem Besenstiel, die sie auch war. Elizabeth sieht wunderbar aus, der Maler hat alles eingefangen – die hellen, klarsichtigen Augen und die starke Nase, die durchsichtige Haut und die zarten Hände, die glitzernde, kalte Isolierung. Wünschte, ich wüsste, warum Porträts von Maria Stuart und Elizabeth immer so wahrhaftig und lebendig aussehen und die von Shakespeare, die doch aus derselben Zeit stammen und in derselben Art gemalt sind, immer so stilisiert und unnahbar.

Ich betrachtete jedes einzelne Gesicht so lange, dass wir über das sechzehnte und siebzehnte Jahrhundert nicht hinauskamen. Nächste Woche gehen wir wieder hin und gucken uns das achtzehnte und neunzehnte Jahrhundert an, ich bin jetzt leidenschaftlich entschlossen, sie alle zu sehen.

Der Colonel hat angerufen, am Mittwoch fährt er mit mir zum Essen aufs Land.

Montag, 19. Juli

Kam um elf in Rutland Gate an. Nein, dass stimmt nicht. Ich bin immer so besorgt, es nicht um »Punkt« zu schaffen, dass ich mir ein Taxi nehme, und dann bin ich zwanzig Minuten vor der Zeit da und laufe in der Gegend herum, bis es Zeit ist, bei ihm zu klingeln. Das gefällt mir, es ist eine interessante Gegend.

Für den Elf-Uhr-Sherry ging er mit mir in das Old Wine Shades in der Martin Lane nahe der Cannon Street. Es ist der einzige Pub in London, der den großen Brand von 1666 überstanden hat. Er wurde vor 1663 erbaut und hat sich seither, so scheint es, nicht verändert. Über der Bar stehen alte Weinfässer, die hölzernen Tische und Bänke sind vom Alter gezeichnet, sogar die Speisekarte klang archaisch, ich konnte mir vorstellen, dass Sam Pepys die Kalbfleisch-Pastete bestellen würde.

Er ging mit mir zur Bank of England, wo die Portiers und die Aufsichtführenden rote Hosen und Westen tragen und sich verneigen, wenn sie einem einen guten Morgen wünschen. (Abgesehen von diesen Männern ist die Bank auch nur eine von diesen volksnahen Kobras.)

Zum Lunch gingen wir in den George & Vulture, wo, so steht es in der Speisekarte, »Mr. Pickwick ungefähr fünfundvierzig Menschen bei ihrem allerersten Besuch in London zum Essen einlud«. Das Restaurant ist das

180

Hauptquartier des Pickwick Club. An der Wand Dickens-Cartoons; Steak und Kotelett, gegrillt über einem offenen Feuer in einem großen steinernen Kamin.

Um die Ecke vom George & Vulture steht die »Kirche St. Michael Cornhill mit St. Peter Le Poer und St. Benet Fink«. St. Benet Fink wird in die Liste meiner Lieblingsheiligen aufgenommen, ich werde seinen Namen unmittelbar unter die zwei Heiligen von New Orleans schreiben.

Vor langer Zeit, 1801, als die Vereinigten Staaten Louisiana kauften, begannen amerikanische Firmen, mit katholischen Ikonen zu handeln und Kisten voller Kirchenfiguren nach New Orleans zu schicken. Die Kisten waren mit FRAGILE und EXPEDITE beschriftet. Die Einwohner von New Orleans waren französisch, sie konnten kein Englisch und verstanden die beiden englischen Worte nicht. Sie kamen zu dem Schluss, dass dies die Namen von zwei neuen Heiligen sein mussten, deren Ikonen in den Kisten verstaut waren. Und im nächsten Moment waren St. Fragile und St. Expedite die beliebtesten Heiligen in New Orleans.

St. Fragile verlor nach einer Weile an Beliebtheit, aber noch vor kurzem, so habe ich gehört, konnte man in New Orleans eine Lokalzeitung zur Hand nehmen und in der Spalte mit Kleinanzeigen lesen:

Dank sei St. Expedite für
seine besondere Gunst.

Den Ikonen nach zu urteilen, ist er ein alter Römer und

trägt eine Toga. Ich wüsste über St. Benet Fink auch gern ein paar Details, aber P. B. wusste nicht, wer er ist.

Wir gingen die Lombard Street entlang, P. B. sagte, das Londoner Bankwesen sei im fünfzehnten Jahrhundert von Italienern aus der Lombardei gegründet worden. Jeder Geldverleiher habe ein Schild vor die Tür gehängt, an dem man sein Geschäft erkennen konnte, und seither haben alle Banken in der Lombard Street Messingschilder vor der Tür hängen. Die Schilder schwingen heute noch in der Brise: Das von der Bank of Scotland stellt eine Katze mit Fiedel dar, eine andere Bank hat einen Grashüpfer, eine dritte ein scheuendes Pferd. P. B. wusste nicht, woher die Embleme kamen und was sie ursprünglich bedeuteten, sie sind Hunderte von Jahren alt. (Dann kommen die Vereinigten Staaten daher und eröffnen eine Bank in der Lombard Street, und als die Amerikaner überall Katzen mit Fiedeln und Grashüpfer und scheuende Pferde sehen, sagen sie: »Also, hört mal, wir sollten auch etwas über der Tür aufhängen!«, und dann hängen sie den amerikanischen Adler auf – wir haben keine nationale Fantasie.)

P. B. fährt am Samstag mit Jean, Ted und mir aufs Land zu einem Herrensitz. Er hat mich verwirrt, weil er mit mir in ein Juweliergeschäft gegangen ist, wo ich mir eine Anstecknadel ansehen sollte, die er für mich machen lässt, und sagen, ob sie mir gefiele. Sie ist aus Gold mit einem rot-weißen Wappen von London.

Sehe ihn am Samstag zum letzten Mal, bis dahin ist die Nadel fertig.

Dienstag, 20. Juli

Ich kam vor Ena zum Russell Square, und mein Freund, der die Gebühren kassiert, stellte einen Stuhl für mich auf, verschränkte dann die Arme hinter dem Rücken, beugte sich vor und sagte verschwörerisch:

»Sind wir jemand, den wir kennen sollten?«

Ich versicherte ihm, dass wir niemand seien, und er schüttelte vorwurfsvoll den Kopf.

»Eine Malerin malt nicht von irgendjemandem ein Porträt«, sagte er.

Ich sagte, dass ich Schriftstellerin sei, aber nicht berühmt oder wichtig, und er zog ein kleines schwarzes Heft hervor und notierte sich sorgfältig meinen und Enas Namen. In dem Moment kam Ena um das Vogelbad gewankt, beladen mit Staffelei, Palette und dem enormen Radio, das sie immer noch mitschleppt, falls ich mich doch zu langweilen beginne – dabei mache ich immer nur freche Bemerkungen über den Musikgeschmack der BBC. Es gibt nur einen Sender mit klassischer Musik, und derjenige, der das Programm zusammenstellt, ist ein Kammermusik-Fan, denn das ist alles, was sie spielen.

Ena sagte, ich hätte ihre Einstellung zur Porträtmalerei völlig verändert.

»Bisher habe ich nie jemanden im Freien gemalt«, sagte sie. »Es ist eine ganz andere Atmosphäre und ein anderes Gefühl. Von jetzt an werde ich jedes Mal darüber nachdenken müssen, ob jemand drinnen oder draußen gemalt werden sollte. Sie hatten völlig Recht, Sie sind ein Freiluftmensch.«

»Wir sind aber nicht hier, weil ich ein Freiluftmensch bin«, sagte ich, »sondern weil ich ein egoistischer Mensch bin.«

Ich glaube, dass sie am liebsten den ganzen Tag malen würde, aber was ich auch sage, sie besteht darauf, um ein Uhr aufzuhören, weil ich nur noch so wenig Zeit habe, mir Dinge anzusehen.

Als wir die Sachen einpackten und zum Lieferwagen gingen, ließ sie den Blick über den Russell Square schweifen und sagte nachdenklich:

»Sie hatten Recht mit der Anlage. Sie hat etwas Besonderes.«

Ich war verdutzt. Ich hatte das nie gesagt. Und bis zu dem Moment, als sie das sagte, war mir nicht klar gewesen, dass ich es wusste.

Zum Lunch gingen wir zu Panzer's und danach in die National Portrait Gallery, ich sah Jane Austen und Leigh Hunt und Willie Hazlitt und das gespenstische Porträt der Brontës – die Gesichter der drei Schwestern und in der Mitte die graue Fläche, wo Branwells Gesicht einmal war.

Der Geschichte nach hatte Branwell sich und seine Schwestern gemalt und dann in einem Anfall von

Selbsthass sein eigenes Gesicht wieder ausgelöscht. Aber natürlich kann man sich nicht auf die Gesichter der Schwestern konzentrieren, das Bild wird von der grauen Fläche in der Mitte dominiert. Man kann nicht umhin, sich zu fragen, ob Branwell wusste, dass es so sein würde.

Mittwoch, 21. Juli

Der Colonel hat sich selbst übertroffen. Ich hatte vergessen, dass ich auf dem Weg nach Stratford, als wir durch Stoke Poges kamen, einen Umweg hatten machen wollen, um Grays Kirchhof zu sehen, bloß weil die »Elegie, geschrieben auf einem Dorfkirchhof« das Lieblingsgedicht meiner Mutter war. Der Colonel hatte es nicht vergessen; er fuhr mit mir zum Abendessen nach Stoke Poges, obwohl die Fahrt dorthin zwei Stunden dauert.

Wir kamen kurz vor der Dämmerung an. Keine Menschenseele war zu sehen, und als wir den Kirchhof betraten, läuteten die Glocken den Abend ein.

Grays Mutter ist hier begraben. Er ließ diese Inschrift in ihren Grabstein meißeln:

Sie hatte viele Kinder, von denen nur eins
das Unglück traf, sie zu überleben.

Die Kirche ist siebenhundert Jahre alt, sehr einfach und schlicht. In den Altarvasen standen frische Wiesenblumen. Wenn man den Mittelgang entlanggeht, schreitet man über die Gräber von Gemeindemitgliedern, die seit Jahrhunderten unter dem Steinfußboden der Kirche begraben liegen, ihre Namen auf den Steinen sind nicht mehr zu lesen.

Der Colonel schlenderte über den Friedhof und ließ mich allein in der Kirche sitzen. Ich wünschte, meine Mutter wüsste jetzt, wo ich war. Ich kam mir vor wie ein Kind, das von einem neuen Aussichtspunkt aus ruft: »He, Ma! Guck mal, wo ich bin!«

Die verwitwete Schwägerin des Colonels lebt in der Nähe von Stoke Poges. Sie unterrichtet in London und pendelt vier Stunden am Tag, in dieser Hinsicht sind sie hier so verrückt wie bei uns. Wir fuhren zu ihr nach Hause, um sie zum Essen abzuholen. Sie lebt in einem wunderhübschen ländlichen Vorort, der auch irgendwo in Connecticut sein könnte – so wie Noras Haus irgendwo in Queens stehen könnte. Es ist erstaunlich, wie ähnlich und anonym alle Vororte sind, ebenso wenig voneinander zu unterscheiden wie Autobahnen. Vielleicht liebe ich deswegen die Großstädte. In London gibt es keine Häuserzeile, die man mit New York verwechseln könnte. In Manhattan gibt es keinen Wohnblock, der einen auch nur eine Minute lang an London erinnert.

Wir aßen in einem sehr schönen Pub zu Abend, der The Jolly Farmer hieß. Der Begriff »Pub« ist sehr elastisch, er kann eine Eckkneipe bezeichnen, eine Bar mit Grill, eine Cocktailbar oder ein teures Restaurant. The Jolly Farmer ist wie ein typisches Landrestaurant in Connecticut: ausgezeichnet, teuer und ungeheuer atmosphärisch. Ich bestellte Krabben-Curry, und als ich dem Geschäftsführer sagte, er sei besser als mein selbst gemachter Curry, schenkte er mir ein Glas seiner eigenen Curry-Paste.

»Können Sie mir erklären«, sagte des Colonels Schwägerin beim Kaffee, »warum alle Amerikaner Grays ›Elegy‹ so sehr bewundern?«

Wusste offen gestanden gar nicht, dass das der Fall ist. Abgesehen von meiner Mutter habe ich nie einen Amerikaner von dem Gedicht sprechen hören. Aber die Schwägerin des Colonels lernt eine größere Bandbreite von Amerikanern in Stoke Poges kennen, als ich je in Manhattan kennen lernen werde, und sie kommen alle wegen Grays »Elegy« hierher, also glaube ich ihr. Und weil ich nicht das moralische Rückgrat hatte zu sagen: »Ich weiß es nicht«, erklärte ich ihr aus dem Stegreif das Phänomen.

»Wir sind eine Nation von Einwanderern«, sagte ich. »Unsere Vorfahren waren die armen und verachteten Massen Europas und Afrikas. Wir sind zur Schule gegangen und haben englische Lyrik studiert, und die Dichter, die wir lasen, haben die Aristokratie besungen: Könige und Königinnen und Sidneys Schwester, Pembrokes Mutter und die Türme von Oxford und die Sportfelder von Eton. Mit Ausnahme von Gray. Gray hat die stummen, ungerühmten Namenlosen besungen. Und da alle Amerikaner von stummen, ungerühmten Namenlosen abstammen, bringt er in uns wahrscheinlich eine Saite zum Klingen.«

Ich hoffe, das stimmt so, denn sie und der Colonel

glaubten mir. Ich glaubte es sogar selbst. War so ange-
tan von meiner eigenen Redegewalt, dass ich auf der
Rückfahrt zu überlegen begann, ob ich mit meiner Erklärung für die Zuneigung der Amerikaner zu Gray auf
den Schlüssel zu der englischen Leidenschaft für Dickens gestoßen war. Shakespeare bewundern sie zwar,
aber Dickens ist derjenige, den sie lieben. Vielleicht
identifiziert sich der durchschnittliche Engländer, der
weder König noch Bauer ist, weniger mit den Königen
und Bauern von Shakespeare als mit den aufstrebenden
Typen der unteren Mittelschicht bei Dickens. Selbst
P. B. teilt die nationale Verehrung für Dickens – aber er
hat mir erzählt, dass einer seiner Urgroßväter Fisch-
händler war, und als er selbst in Eton war, wurde er
von den anderen Jungen damit gehänselt, dass seine
Mutter aus einer Kolonie, nämlich aus Australien
stammte.

Der Colonel gibt am Sonntagabend eine Abschiedsparty für mich. Und am Montag, wenn ich reise,
wird er am Flughafen sein.

Donnerstag, 22. Juli

Ich bin von echten Schuldgefühlen geplagt, weil ich Ena dazu zwinge, mich in London mit seinem allseits bekannten Klima im Freien zu malen. Heute Morgen wurden wir zum zweiten Mal vom Regen überrascht. Als wir gestern nass wurden, ist sie mit mir zum Tower gefahren, aber da stand eine lange Schlange an, und ich kann immer noch nicht lange stehen. Heute waren wir wieder auf dem Weg zum Tower, aber auf halbem Weg klarte es auf, und ich bestand darauf, dass sie zurück zum Russell Square fuhr. Am Sonntag gehen wir zum Tower, es gefällt mir, dass er das Letzte sein wird, was ich besichtige.

Mein Freund, der die Gebühren kassiert, ist inzwischen von dem Projekt hellauf begeistert. Er sagte feierlich zu Ena:

»Das Porträt wird eines Tages eine halbe Million wert sein.« Ich sagte zu Ena, wenn das eintrifft, gehört die Hälfte davon mir.

Leo stieß um sechs Uhr zu uns. Ich sah, wie Ena mit den Zähnen knirschte, sie wollte so lange malen, wie das Licht es erlaubte. Sie hatte ihm gesagt, dass wir auf dem Russell Square sein würden und er uns abholen könne, aber sie hatte nicht damit gerechnet, dass er uns vor sieben finden würde; wie ich hat er keinen Orientierungssinn. Er hatte jedoch den Russell Square ohne Mühe gefunden, und das empörte sie. Und der gute, dickfellige Leo, der sie verehrte und nicht merkte, dass er einen Fauxpas begangen hatte, beging gleich einen noch schlimmeren: Er stellte sich hinter sie, verschränkte die Hände hinter dem Rücken und vertiefte sich in das Porträt (Ena mag keine Zuschauer, auch wenn der Zuschauer Leo ist) und ließ mich wissen: »Es wird sehr schön.« Damit war die Sitzung beendet, und wir fuhren zu Panzer's, Ena und ich im Lieferwagen, Leo hinter uns im Auto. Er hätte mich gern zum Abschied in ein vornehmes Lokal geführt, aber ich sagte, ich würde lieber zu Panzer's gehen.

Wir hatten gerade unsere Drinks ausgetrunken und überlegten, an welchem Tag ich Chartwell, das Haus, in dem Churchill gelebt hat und das Freunde von ihnen gekauft haben, besichtigen könne, als ich eine Stimme hinter mir hörte:

»Hallo, Helene.«

Ich hob den Blick und sah eine Frau auf mich zukommen, die ich seit Jahren flüchtig kenne. Sie hat in New York ein gut gehendes Geschäft und ist sehr en vogue. Wenn wir uns begegnen, ist sie immer ausgesucht freundlich, aber sie hat es nie für nötig befunden, mich mit mehr als einem »Hallo« zu würdigen.

Ich sagte: »Ja, was für eine Überraschung, Dorothy«, und stellte sie Leo und Ena vor. Leo lud sie ein, mit uns zu essen, was sie annahm. Sie erklärte, sie sei für ein paar Einkäufe in London und gerade gelandet. Leo, der die besten Manieren der Welt hat, bestellte ihr etwas zu essen und begann ein Gespräch mit ihr, so dass Ena und ich das Chartwell-Problem erörtern konnten.

Das Problem besteht darin, dass ich keinen freien Tag habe, um mit ihnen nach Chartwell zu fahren, da ich am Montag abreise.

»Morgen«, sagte ich zu Ena, »fährt Sheila Doel mit mir nach Hatfield, weil ich Hatfield Palace unbedingt sehen möchte, und danach fahren wir nach Highgate, wo ich zum letzten Mal mit Nora essen werde. Samstag ist mein letzter Tag mit Pat Buckley, er fährt mit mir aufs Land.«

»Ich würde Sie gern den Manns vorstellen«, sagte Leo. »Falls die am Sonntag Zeit haben, könnten wir zusammen hinfahren?« Und er erklärte Dorothy, dass Christopher Mann und seine Frau Eileen Joyce das Haus Chartwell gekauft hätten.

»Sonntag ist der einzige Tag, an dem ich Ena Modell sitzen kann«, sagte ich. »Ich glaube, Ena rechnet damit.«

»Du brauchst noch eine Sitzung?«, fragte Leo, und Ena nickte, und Leo erklärte Dorothy, was es mit dem Porträt auf sich hatte.

»Ich verstehe nicht, warum Sie am Montag zurückfliegen müssen«, sagte Ena und seufzte. Und ich seufzte. Und Leo seufzte. Dann wandte er sich an Dorothy und fragte sie, wie lange sie mich schon kenne. Sie antwortete unbestimmt: »Ich weiß nicht. Acht oder zehn Jahre.«

»Erklären Sie mir doch bitte eins«, sagte er in seinem wohltönenden englischen Bariton, »wir kennen sie erst seit ein paar Wochen. Warum fällt es uns nur so schwer, Abschied von ihr zu nehmen?«

Ich drehte mich zu Dorothy um und wollte schon einen Witz machen, unterließ es aber. Sie saß buchstäblich mit offenem Mund da und stierte Leo an. Dann murmelte sie etwas und sah mich mit dem Ausdruck ungläubigen Staunens und immer noch offenem Mund an. Ihr Gesicht war ein perfektes Spiegelbild meiner eigenen inneren Verblüffung, die ich angesichts der Tatsache empfand, dass ich fünf Wochen lang wie eine Herzogin behandelt worden war.

Wir verließen das Lokal, Dorothy dankte Leo für die Essenseinladung und lehnte ab, als er ihr anbot, sie zu ihrem Hotel zu bringen, es sei ganz in der Nähe. Dann wandte sie sich zu mir und bemühte sich sehr, eher locker und scherzhaft zu klingen als verdutzt, und sagte:

»Es hat wahrscheinlich keinen Sinn zu fragen, ob Sie *mich* in Ihren vollen Zeitplan einbauen können?«

Ich wollte sagen:

»Mach dir nichts draus, Dorothy. Nächste Woche ist der Ball vorbei, dann geht Aschenputtel wieder an seine Töpfe und Pfannen und an die Schreibmaschine und zieht sich wieder ein Paar alte Jeans und ein ausgeleiertes T-Shirt an.«

Ich grinste nur und sagte, wir würden uns in New York sehen.

Freitag, 23. Juli

Gott segne Sheila, Hatfield House war der krönende Abschluss. Es ist weder der älteste noch der schönste Palast, aber er ist Elizabeth' Palast. Dort ist sie aufgewachsen. Ein Flügel ihres Palasts steht noch, wir haben ihren Speiseraum besichtigt – und mehr von den Küchen, als sie selbst je zu Gesicht bekommen hat.

Im Garten setzten wir uns auf eine steinerne Bank. Es war still und menschenleer, und vierhundert Jahre lösten sich auf, man konnte sich vorstellen, mit ihr im Garten zu sein, als die Ratsherren herbeiritten, abstiegen und vor ihr niederknieten und sagten, sie sei Königin von England.

Wir fuhren nach Highgate zum Abendessen, und Nora schenkte mir ein paar Fotos von Marks & Co. und eins von Frank. Sie erzählte mir, wie wütend sie jedes Mal gewesen war, wenn er einen meiner Briefe nach Hause brachte und der Familie vorlas.

»Ich sagte zu ihm: ›Was bist du nur für ein Ehemann, dass du die Briefe einer anderen Frau ins Haus bringst!‹«

»Wenn er sie nicht mitgebracht hätte, dann hätten Sie Grund zur Sorge gehabt«, erwiderte ich.

Sie sah mich an und nickte.

»Genau das hat Frank auch immer gesagt.«

Die Rosen in ihrem Garten sind fast verblüht, und sie gab mir die letzten für zu Hause mit.

Samstag, 24. Juli

Mit P. B. und den Elys beim Losely House, einem elisabethanischen Landhaus. Elizabeth war selbst einmal hier zu Gast. Und schrieb, als sie wieder zu Hause war, eine lange Liste mit Klagen und Beanstandungen.

Die drei treffen sich morgen in einem Pub, wo Sam Pepys einzukehren pflegte, und wollten, dass ich auch komme. Ich sagte, ich würde es versuchen, bevor die Party beim Colonel anfängt, wohl wissend, dass das unmöglich war, aber ich bin feige, ich wusste nicht, wie ich mich von P. B. hätte verabschieden und ihm danken sollen. Werde ihn morgen anrufen und mich am Telefon verabschieden.

Nachdem wir die Elys beim Connaught abgesetzt hatten, fuhr er mit mir zu dem Juweliergeschäft, um meine Anstecknadel abzuholen. Es ist eine goldene Nadel mit einem rot-weißen Wappen von London und dem Motto der Stadt in Gold:

DOMINE DIRIGE NOS

Ich vertraue darauf, dass er sie weiterhin leiten wird.

Sonntag, 25. Juli

Hatte gestern Abend schon das meiste gepackt, so dass Ena früh am Russell Square beginnen konnte, und sie malte bis zum Mittag, als es wieder zu regnen anfing.

Sie fuhr mit mir durch den Regent's Park, damit ich ein letztes Mal den Nash Crescent und all die hübschen Straßen sehen konnte, dann zu Panzer's zu einem Abschiedslunch und dann zum Tower.

Wir kamen zum Tower und sahen, dass die Menschen in einer Viererreihe anstanden. Die Schlange erstreckte sich über einen Block an den Toren vorbei und machte keine Anstalten, sich zu bewegen. Da wusste ich, dass ich das Innere des Towers nicht sehen würde. Ich hätte an so vielen Tagen gehen können. Ich habe es zu lange aufgeschoben.

»Nächsten Sommer«, sagte Ena fröhlich, »wir machen eine Liste von all den Dingen, die Sie noch nicht gesehen haben, und der Tower kommt als Erstes dran.«

Sie fährt mich morgen früh zum Flughafen.

Später

Der Colonel hat eine komfortable Wohnung in Chelsea, und seine Freunde sind eine angenehme und nette Gesellschaft: zwei Männer, mehrere attraktive Witwen und ein schüchternes junges Paar aus der Schweiz. Ich habe mir keine Namen gemerkt und weiß nicht mehr, worüber wir gesprochen haben, ich konnte mich nicht konzentrieren. Die Party war früh zu Ende, weil ich morgen früh um zehn zum Flughafen muss. Nora war da. Sie fuhr mich zum Hotel, wir verabschiedeten uns und versprachen uns zu schreiben.

Ich schreibe dies im Bett. Die Koffer sind gepackt und stehen offen auf dem Fußboden, die Kommode ist leer geräumt, und die Vorhänge sind zugezogen, um den Regen auszusperren, und das Zimmer sieht genauso aus wie an dem Abend, als ich ankam.

Montag, 26. Juli

Habe mir nach dem Frühstück den Koffer nach unten bringen lassen und die Rechnung bezahlt. Habe P. B. angerufen, um mich zu verabschieden, aber keine Antwort.

Bin zu André Deutsch gegangen und habe zwanzig Exemplare von dem Buch signiert, für die australischen Buchhändler, die morgen hier zu einer Konferenz eintreffen. Kenne ihre Namen nicht und konnte mich aber nicht dazu bringen, nur meinen Namen zu schreiben, das kommt mir so unfreundlich vor. Habe in jedes Exemplar »Einem unbekannten Buchliebhaber« geschrieben, manchmal denke ich, ich bin verrückt.

Habe mich von Carmen und Mr. Tammer und all den anderen Mitarbeitern bei Deutsch, außer André, der noch nicht da war, verabschiedet. Bin dann zum Russell Square gegangen und habe Abschied genommen. Mein Freund, der die Gebühren kassiert, war noch nicht zur Arbeit gekommen; ich war ganz allein dort.

Kam wieder ins Hotel und versuchte noch einmal, P. B. zu erreichen, immer noch keine Antwort. Beschloss, ihm unmittelbar nach meiner Ankunft zu schreiben, aber das hätte ich ohnehin getan. Als ich aus der Telefonzelle kam, verneigte sich Mr. Otto vor mir und sagte feierlich:

»Madams Jag-u-ar wartet.«

Und da war Ena in einem geliehenen Jaguar, sie sagte, Leo sei mit dem anderen Auto gefahren, und sie wollte mich nicht in einem Lieferwagen zum Flughafen fahren, der so laut schepperte, dass man sich nicht unterhalten könne.

Sie schenkte mir einen Ring mit zwei kleinen eingefassten Perlen, weil ich einmal gesagt hatte, dass ich Perlen mag.

Der Colonel stieß in Heathrow zu uns. Er sorgte dafür, dass mein Koffer abgefertigt wurde, und führte uns dann in die VIP-Lounge zum Sherry. Beim Sherry verkündete er, dass er, wenn ich abgeflogen sei, mit Ena eine VIP-Besichtigungstour des Flughafens machen würde.

Er und Ena gingen mit mir zum Flugzeug. Der Colonel übergab mich der Stewardess und sagte ihr, sie solle gut auf mich aufpassen, und er und Ena küssten mich zum Abschied. Ich hatte einen Platz am Fenster und glitt hinein und sah hinaus und suchte die beiden. Gerade, als ich sie entdeckt hatte und ihnen zuwinken wollte, drehten sie sich um und verschwanden in der Menge.

Das Flugzeug hob ab – und plötzlich war es, als wäre alles verschwunden: Bloomsbury und Regent's Park und Russell Square und Rutland Gate. Nichts von alledem war geschehen, nichts von alledem war wirklich. Selbst die Menschen waren nicht wirklich. Es war alles ausgedacht, sie waren alle Phantome.

Ich sitze im Flugzeug und versuche die Gesichter zu sehen und London festzuhalten, aber in meinen Kopf drängen sich jetzt Bilder von zu Hause: der Stapel Post, der auf mich wartet, die Menschen, die auf mich warten, die Arbeit, die auf mich wartet.

Ein paar Zeilen von Prospero gehen mir im Kopf herum:

Das Fest ist jetzt zu Ende; unsere Spieler,
..., waren Geister und
Sind aufgelöst in Luft, in dünne Luft ...
Die wolkenhohen Türme, die Paläste,
Die hehren Tempel ... werden untergehen
Und, wie dies leere Schaugepräng' erblasst,
Spurlos verschwinden. Wir sind solcher Zeug
Wie der zu Träumen ...

Ruhe in Frieden, Mary Bailey.

Nachwort

Orte aufzusuchen, die man zuvor nur in Gedanken hoffnungsvoll durchschritt, ist ein risikoreiches Unterfangen. Denn zu oft bleibt die Realität hinter den hoch gesteckten Erwartungen zurück, zu oft halten die Ansichten der Wirklichkeit nicht das, was die ungetrübten Bilder der Sehnsucht versprachen. Die New Yorker Autorin Helene Hanff ließ sich davon nicht dauerhaft schrecken lassen und brach zu einer solchen Reise auf. Sie erfüllte sich damit einen Wunsch, den sie zwanzig Jahre lang vor sich herschob. 1949 hatte sie Verbindung zu einem Londoner Antiquariat in der Charing Cross Road, Nummer 84, aufgenommen, um seltene Bücher zu bestellen. Rasch entwickelte sich daraus ein Briefwechsel, der mit normaler Geschäftskorrespondenz nichts mehr zu tun hatte. Die New Yorkerin Helene Hanff und der Londoner Buchhändler Frank Doel wurden zu Freunden, die ihren Gefühlen auf sehr unterschiedliche Weise Ausdruck verliehen und die sich persönlich nie begegnen sollten: 1969 stirbt Frank Doel, was seine Briefpartnerin dazu bringt, diesen einzigartigen Briefwechsel zu publizieren. *84, Charing Cross Road* heißt das 1970 bei Grossman, New York, zuerst erschienene Bändchen, dessen Charme die Leserinnen und Leser sofort eroberte – ein Siegeszug, der sich über dreißig Jahre später im Jahr 2002, auch in Deutschland fortsetzte.

Wesentlich schneller erreichte *84, Charing Cross Road* England. Der Verleger André Deutsch entschloss sich umgehend, eine Ausgabe auf den Markt zu bringen, und lud die Autorin nach London ein, um das Erscheinen des Buches wirksam zu begleiten. Zwanzig Jahre lang, wie gesagt, war es Helene Hanff unmöglich gewesen, die ersehnte Reise über den Atlantik anzutreten. Der Kontostand der nicht auf Rosen gebetteten Drehbuchschreiberin ließ ein derart kostspieliges Unternehmen nicht zu, wiewohl manche der Hanff'schen Briefe den Verdacht nähren, dass auch leise Furcht mit im Spiel war – die Furcht, die farbigen Bilder der Imagination in den Straßen Londons nicht wiederzufinden.

Im Juni 1971 ist es so weit: Helene Hanff bricht auf, um das ihr vor allem durch die Literatur vertraute London zu sehen. Sie beschließt, Tagebuch zu führen und ihre Eindrücke präzise festzuhalten. *Die Herzogin der Bloomsbury Street* ist das wunderbare Resümee dieser Aufzeichnungen, 1973 zuerst erschienen und nun erstmals ins Deutsche übertragen. Wie in *84, Charing Cross Road* gelingt es Helene Hanff, ihre Erlebnisse und Begegnungen so pointiert und liebevoll einzufangen, dass man dieser ängstlichen wie entschlossenen Reisenden sofort folgen möchte. Hanff weiß natürlich um das Abenteuer, auf das sie sich einlässt. »Ein Gefühl der Ernüchterung« überkommt sie zuerst . . . und die beklemmende Regung, »dass die ganze Reise unnötig war«. Doch kaum beginnt sie, die Stadt für sich zu erobern, fallen die anfänglichen Zweifel von ihr ab, und das Glücksgefühl, endlich auf den Spuren von John Donne oder William Shakespeare wandeln zu dürfen, beherrscht sie völlig.

Helene Hanff genießt ihren sechswöchigen Aufenthalt; sie erfreut sich an dem lebhaften Interesse, das ihr die Journalisten entgegenbringen, wohl wissend, dass dieser Ruhm nur von kurzer Dauer sein und nicht bis nach New York reichen wird. Mit Augenzwinkern lässt sie sich als »Ersatz-Herzogin« feiern und ist begierig darauf, jeden Augenblick ihrer Reise auszukosten. Freudig nimmt sie Essenseinladungen an, da diese ihren Geldbeutel entlasten und helfen, die Zahl ihrer London-Tage zu erhöhen. Dennoch ist die englische Metropole für Helene Hanff mehr als ein bloßer Andachtsort, der keine kritischen Anmerkungen verträgt. Mit dem ihr eigenen Witz beschreibt sie die Fehlkonstruktion einer Hoteldusche, die dürftige Ginhaltigkeit der gereichten alkoholischen Getränke, die rätselhafte Komposition eines »Chicken Maryland« und die gewöhnungsbedürftige britische Kleiderordnung.

Das reale London hält den Erwartungen, hält der einstigen »Sehnsucht, die wie Heimweh war«, stand. Es ist der pragmatische Realitätssinn, der die Reisende Hanff davor schützt, in triefende Sentimentalität zu verfallen. Sie will die Stätten sehen, die ihr die Bücher nahe brachten, und sie will endlich Frank Doels Familie kennen lernen. Sie macht diese Erfahrungen und legt in ihrem Tagebuch sofort Rechenschaft darüber ab. Als sie beschließt, die alten Lettern des inzwischen geschlossenen Antiquariats Marks & Co. mitzunehmen, kommentiert sie diesen Anfall möglicher Wehmut umgehend: »Und an einem Tag im September, wenn ich meinen Hausputz mache und sie mir in die Hände fallen, werde ich mich fragen: ›Was willst du damit – willst du Tränen darüber vergießen, wenn du eine alte Dame bist?‹, und sie dann wegwerfen.«

Auch *Die Herzogin der Bloomsbury Street* ist ein Buch der Freundschaft(en), und vielleicht liegt darin überhaupt die Erklärung für Helene Hanffs anhaltenden Erfolg. Bis heute rührt es ihre Leser an, wie selbstverständlich sie offenen Umgang pflegte und wie ihre gelegentlich in Schnoddrigkeit verpackte Warmherzigkeit die Herzen ihrer Mitmenschen eroberte. Die London-Besucherin Helene Hanff hatte in ihrem Leben manches eingesteckt, ehe die Reaktionen auf *84, Charing Cross Road* ihr »Selbstbewusstsein« und »Selbstachtung« zurückgaben. Die unglaubliche Resonanz, die sie erfuhr, hat sie selbst immer wieder staunend registriert. Im Oktober 1971 veröffentlichte *Das Beste aus Reader's Digest* ihren »Brief aus dem siebten Himmel«, mit dem sie ihren anhänglichen Lesern danken wollte. Darin heißt es:

»Ich habe nachts viel wach gelegen und zu begreifen versucht, was eigentlich passiert war. Ich hatte nichts getan, als ein Buch geschrieben, und da war der Himmel über mir eingestürzt. Und wenn ich ehrlich sein soll, so ist es gar kein richtiges Buch; es ist nur ein Briefwechsel zwischen mir und einem Engländer, dem ich nie begegnet bin, aus einer Buchhandlung, die ich nie gesehen habe. Aber als ich vorige Woche wieder wach lag, fielen mir plötzlich ein paar Zeilen aus einer Besprechung des Buches ein. Und jetzt begriff ich endlich. Die Zeilen stammen von Haskel Frankel in der *Saturday Review:* ›Wenn ein unbekümmertes amerikanisches Herz die steife Zurückhaltung eines Engländers durchbrechen kann, was kann dann nicht alles zwischen Völkern in dieser gequälten Welt geschehen? Und was ist Einsamkeit anderes als die Illusion einer persönlichen Heimsuchung, die Menschen am anderen Ende der Briefbrücke nur zu gern zerstören?‹«

Helene Hanffs Stärke und Klugheit sind in jedem ihrer Worte zu spüren, und sie ließen in zahllosen Lesern den Wunsch aufkommen, diese Frau persönlich kennen zu lernen. Und vermutlich spürten die Leser auch die leise Melancholie, die die Autorin so trefflich zu verstecken verstand; sie spiegelt sich allein in kleinen Szenen – etwa wenn sie einem Lieblingsgedicht ihrer Mutter, Thomas Grays »Elegie«, nach Stoke Poges nachreist – und bestimmt die Atmosphäre der Expeditionen. Am Ende, als Helene Hanff wieder in ihr kaum weniger geliebtes New York zurückfliegt, schließt sich der Kreis des Tagebuchs: Der Aufenthalt in London erscheint wie zu Anfang als »etwas Unwirkliches« und wird in ein

Licht des bewusst Unbestimmten getaucht: »Nichts von alledem war geschehen, nichts von alledem war wirklich. Selbst die Menschen waren nicht wirklich. Es war alles ausgedacht, sie waren alle Phantome.«

So, vielleicht nur so mag es gelingen, Sehnsuchtsorte aufzusuchen und nicht mit einem Koffer voller Enttäuschungen zurückzukehren.

Rainer Moritz

Zur Autorin

Helene Hanff, geboren 1917, wuchs in Philadelphia auf und lebte später in New York. Seit 1936 schrieb sie Theaterstücke und arbeitete als Drehbuchautorin. Mit ihrem 1970 erschienenen Buch *84, Charing Cross Road* landete sie einen großen Erfolg, der sich seit 2000 auch auf Frankreich und Deutschland (veröffentlicht bei Hoffmann und Campe) ausdehnte, wo ihr Buch die Bestsellerlisten eroberte. »Schön, dass wir dieses leichte, zauberhafte Werk endlich haben«, schrieb dazu die *Frankfurter Allgemeine Zeitung*.

Hanff starb 1997 in New York.